金融犯罪侦查
热点问题研究

刘　燕◎著

知识产权出版社
全国百佳图书出版单位

图书在版编目（CIP）数据

金融犯罪侦查热点问题研究 / 刘燕著.—北京：知识产权出版社，2014.8
ISBN 978-7-5130-2923-0

Ⅰ.①金…　Ⅱ.①刘…　Ⅲ.①金融犯罪—刑事侦查—研究—中国　Ⅳ.①D924.334

中国版本图书馆CIP数据核字（2014）第192419号

内容提要

近年来，金融犯罪因其极高的犯罪黑数和定性难、取证难、抓捕难、追赃难等问题成为侦查工作的难点。本书以侦查为视角、以案件来源和取证为重点，探讨侦查实践中的几个热点问题，包括金融犯罪侦查中的刑事政策、刑民交叉、行刑衔接、涉案财物处理及网络金融犯罪等。本书从侦查实践中的问题出发，偏于理论去探讨其学理分类、外在表现和本质成因等论题，进而提出具有可操作性的对策。本书可供从事金融犯罪研究的学者参考。

责任编辑：许　波　　　　　　　　　责任出版：孙婷婷

金融犯罪侦查热点问题研究
JINRONG FANZUI ZHENCHA REDIAN WENTI YANJIU

刘　燕　著

出版发行：知识产权出版社 有限责任公司		网　　址：http：//www.ipph.cn	
电　　话：010-82004826		http：//www.laichushu.com	
社　　址：北京市海淀区马甸南村1号		邮　　编：100088	
责编电话：010-82000860转8380		责编邮箱：xbsun@163.com	
发行电话：010-82000860转8101 / 8029		发行传真：010-82000893 / 82003279	
印　　刷：北京中献拓方科技发展有限公司		经　　销：各大网上书店、新华书店及相关专业书店	
开　　本：720mm×1000mm　1/16		印　　张：9.25	
版　　次：2014年8月第1版		印　　次：2014年8月第1次印刷	
字　　数：161千字		定　　价：38.00元	

ISBN 978-7-5130-2923-0

目　录

导 言

一、问题缘起：金融犯罪的现状

近年来，金融产业飞速发展，无论是从存量还是增量上来讲，金融产业都已成为我国国民经济发展的重要组成部分，与这种快速增长伴生的是金融犯罪的数量。以近年来法院系统公布的数据为例：2009年，全国法院系统共受理破坏金融管理秩序案件2 477件，同比增长27%；2010年，全国法院系统共受理金融诈骗犯罪案件6 135件，同比增长62.24%；从2007年开始至2011年，上海市各法院金融犯罪的年收案增长幅度从38%上升至60%，2012年的增幅为75.8%。总体看来，我国金融犯罪的增长速度极快，甚至在很多地区位居各类犯罪增长率之首。

但深入分析这些数据时却能够发现，金融犯罪案件虽然增速较快，但案发的绝对数量却不大。上海作为我国的金融中心，2011年各法院一审受理的金融犯罪案件为1 155件，相较于体系和数量都非常庞大的各种金融交易行为，千余起金融犯罪的判决占全部案件的判决可说是相对较小，似乎金融犯罪的发案率并不高；即便相较于同期约2万余件的金融商事纠纷来说❶，这个数字也不大。而且，从其中各类犯罪的分布情况来看，地方法院审结的金融犯罪案件绝大多数集中于危害票证管理制度的犯罪，尤其是涉案数额较小的信用卡诈骗犯罪。例如，2012年上海法院系统审结的信用卡诈骗犯罪共1 694件，占了金融犯罪总案件数2 030件的83.4%，2013年这个比例也达到了80%❷，对比来说，其他性质严重且并不鲜见的银行工作人员的背职犯罪、证券犯罪和逃汇犯罪等在法院系统的受案比例却非常低。这样的金融犯罪数量和案件类别分布，显然与人们对金融犯罪的一般认知有差距，这一方面是由金融犯罪本身的性质决定，犯罪黑数大和刑事法

---

❶ 2010年度，上海法院共受理一审金融商事纠纷案件22 278件，2011年度共受理20 472件。

❷ 参见：上海高院发布的2012和2013年度金融审判系列白皮书。网址：http://news.hexun.com/2012-03-21/139554194.html；http://shfy.chinacourt.org/article/detail/2013/06/id/1011225.shtml。

规在证券等金融体系的失灵现象普遍存在于世界各国；另一方面也与我国司法体系自身的完善程度相关，这其中当然包括侦查阶段的问题。

二、研究现状：对侦查阶段关注不足

随着金融犯罪的日益严重，学者们从金融刑法的视角在立法完善、罪名适用等方面已经进行了很多研究，但较少关注侦查阶段会出现的问题。在为数不多的关于金融犯罪侦查的研究中，教材著作类也偏重于侦查实务工作的基础指导，内容上相对浅显。侦查类的论文则大多针对某些具体个案，如洗钱犯罪、信用卡诈骗犯罪等；或是着重于侦查的技术方法，缺乏从侦查实践出发、结合理论指导对其中基本问题和整体状况的研究。

鉴于金融犯罪行政违法性的基本特点，金融犯罪同样是经济法领域和金融领域中的研究课题，有关金融违法（犯罪）类型及其对策的探讨，对研究侦查活动也很有借鉴意义，但侦查机关和行政机关打击金融犯罪的视角毕竟有差别，在一些观点和建议的衔接上难以达成一致。

从公安侦查机关内部看，金融犯罪的复杂性也使得实务部门加强了对金融犯罪侦查的整体现状和重点问题的总结，如各公安机关在"经侦工作总结"中提出的问题、"内部研讨资料"中搭建的框架提纲、各法院系统的"金融案件审判白皮书"等，这些分析中也充分体现了金融犯罪定性分歧多、案源渠道少、追赃和抓捕难度大等侦查实务中面临的具体困难，还包括了一些具体的应对方案，但整体看来，仍然缺乏可操作性强的基本准则和理论指导。

从这些不同角度的研究现状可以看出，目前对金融犯罪的整体研究，在理论界来说，主要体现为对侦查阶段有关问题的关注不足；在侦查实务界来说，习惯于强调具体问题的解决方案。这种现象，导致了实践中侦查机关面对动态性很强的金融犯罪时，会因为对基本问题和原则的理解偏差使得某些侦查活动缺乏规范性和统一性；而在应对性质研判困难或犯罪方法复杂的案件时，又缺乏有效的侦查思路和措施，甚至使侦查工作陷于被动。

三、研究意义：以侦查为视角研究金融犯罪

在我国诸多的金融犯罪研究成果中，缺少有关金融犯罪侦查基本问题和热点问题的系统研究，究其原因，大致有以下两方面：一是在金融犯罪研究领域中，学者们更倾向于研究经济法和刑事实体法中的相关争议，不太注重公安机关侦查

环节的相关理论问题和具体实施措施；二是侦查实务部门中，侦查人员一般只关注具体案件的解决，较少进行系统化且"形而上"的侦查学的理论研究。

实际上，按照我国侦查机关在诉讼活动中的地位和取证过程对于案件定性的影响来说，任何案件的侦查阶段都是不应该被忽视的；具体到金融犯罪，其动态性、专业性、行政违法性、经济性的特点也导致侦查活动在面对金融犯罪时出现了各种需要解决的问题，如金融犯罪的低发现率、低有效惩罚性等现象，都和侦查环节的各种障碍相关。再分析一下近年来一些影响较大的金融犯罪案件，如2013年侦破的涉案金额达18亿元人民币的逃汇案❶、几例"老鼠仓"案及吴英集资诈骗案等，得到广泛关注的不仅仅是案件中的刑法适用，也包括侦查程序中的相关问题，如涉案财物的控制措施和处理方式❷、证券犯罪的发现和取证机制等问题。目前，人们越来越看重程序的正义性，再反观目前在这方面饱受诟病的侦查阶段，如何高效、合法地侦查复杂性极高的金融犯罪案件，是值得学者们研究的一个领域。

另外，侦查实务也需要相关理论的指导。公安机关作为金融犯罪案件的侦查主体，主要是根据法律法规执行具体措施，对于无硬性规定的工作内容，大多依据警察个人或团队的思维逻辑、经验习惯和专业知识等进行，这其中需要有可操作性的理论指导。大家比较熟知法官的"自由心证"，案情各异决定了法官裁判时要有自由心证的灵活性；侦查活动是一个搜集证据、发现真相并伴随其他侦查任务的综合过程，法律法规同样不可能涵盖各种具体情况，尤其是在相对复杂的金融犯罪侦查活动中，案件的定性、取证措施的选择及扣押范围的大小，都有侦查人员自由判断的空间。对侦查活动中的各种具体做法进行理论分析、制度总结和原则学习，一方面有利于加强对具体侦查和取证措施的理解与应用，如行政认定意见的性质和地位、网络金融犯罪的发现途径等；另一方面也有利于在法律法规没有具体化的情况下决定如何合理采取侦查措施，如涉案财物的控制方式和范围、主观故意的取证方向等。

本书以侦查为视角研究金融犯罪，既不想广泛讨论刑法学、刑事诉讼法学和

---

❶ 2013年7月，上海市公安局根据外汇管理部门移送线索，成功侦破近年来涉案金额最高的逃汇案，抓获主要犯罪嫌疑人王某，涉案金额约18亿元人民币，冻结涉案资金8.7亿余元。该案被公安部列为2013年十大经济犯罪案件之一。

❷ 2011年，吴英之父吴永正提起行政诉讼，要求东阳市政府解释其在2007年2月10日在媒体上发布的查封本色集团财产的公告，以及庭审前拍卖吴英资产的行为。

证据法学等学科的相关法律法规在侦查中的体现，也无意写成一篇关于如何采取具体侦查措施和侦查方法的文章，而是定位于实务与理论之间，偏重于对侦查具体工作中应掌握的基本理论和原则进行论述，本书的主要内容都体现为这个层次。具体来说，就是面对目前金融犯罪侦查活动中的热点和难点问题，研究如何以实用的理论、原则和方法作为指导，体现应然的解决办法。

四、研究对象：以实践问题确定研究内容

本书研究的主要内容，是从实践中的热点和难点出发而确定的。提到金融犯罪侦查活动，"刑民交叉"和行刑衔接是非常重要的两个问题，加上金融犯罪的经济性在侦查中带来的财物处理的问题，是讨论金融犯罪侦查首先会被提及的三个问题。研究金融犯罪侦查，必须要考虑不同时期所赋予的时代特征，具体到我国目前的状况，宽严相济的刑事政策在金融犯罪侦查方面有很典型的体现；科技发展带来了网络犯罪，网络与金融犯罪相结合成为新型金融犯罪的一个显著特点，甚至改变了金融犯罪的外延和内涵，也极大影响了侦查活动和取证方式。可见，在目前的社会背景下讨论金融犯罪侦查，刑事政策和网络犯罪的影响不可回避。

于是，根据侦查中的热点和难点，刑事政策、"刑民交叉"、行刑衔接、涉案财物处理和网络金融犯罪成为本书在横向结构上的主要内容；可以看出，这几个论题相对独立，除了金融犯罪的刑事政策比较宏观地涉及其他部分，其他论题之间没有内在的紧密联系。但是，它们中的大部分内容都与金融犯罪侦查中居于突出地位的"案源"和"取证"有关，所以，为了避免泛泛谈及侦查活动，本书的大部分内容也在纵向上贯穿这两条线索。

关于"案源"。金融犯罪的案件来源中，扰乱金融秩序和扰乱市场秩序的案件，大多源于行政机关的移送，其中的行刑衔接问题非常突出；金融诈骗类的案件大多源于被害人报案，其中涉及较多的"刑民交叉"问题；金融犯罪的网络化带来了大量的数据信息，对这些数据信息的分析日益成为是案件来源的重要组成部分。

关于"取证"。搜集证据是侦查活动的重心，其重要性不言而喻，之所以还要特别强调这一点，与本书讨论侦查活动的主旨有关。其一，本书中的侦查活动主要集中于取证及其相关范围，一般不论及侦查中的司法程序问题。其二，本书

从整体上研究证据的取得和使用方法，而非具体侦查措施的技巧问题。其三，本书采用比较广义的取证界定，从严格意义上来说，案件来源、取证和追缴赃款、赃物各自成为侦查活动中的相关问题。但就金融犯罪而言，其界限并不明显。金融犯罪侦查中，寻找案源和取证往往不是接力活动，而是同一行为的不同角度，如通过成交价格和成交量监测操纵股价行为，监测的可疑数据既是案件来源也是重要证据。金融犯罪是以资金为运作对象的犯罪，涉案财物也与普通刑事犯罪中作为侵害对象的地位不同，涉案财物的交易和流向同时也是证明犯罪的证据，如操纵股价案件中股市资金的运作本身就证明了犯罪的方法和过程。

第一章　金融犯罪侦查概述

金融犯罪的现状及其专业性、动态性、隐蔽性、认定的复杂性、行政违法性的本质特点，决定了金融犯罪侦查活动中面临着案件线索来源少、取证难度大、协作多和任务多重性等特点；金融犯罪证据的具体特点，也为金融犯罪侦查提供了较为独特的侦查取证途径。金融犯罪的特点、金融犯罪证据的特点和金融犯罪侦查的特点，与本书的主要论题都有直接或间接的联系，是研究金融犯罪侦查的起点。

第一节　金融与金融犯罪

金融市场上的股票、基金等融资工具在对社会资金进行有效高速配置的同时，也在一定程度上被利用成为谋取不当利益的工具。尤其是近半个世纪以来，金融业务在经济发展中的重要地位日益突出，金融行业也成为各类犯罪案件的高发领域。在金融交易中的各个环节，如货币的发行、流通、兑换和支付结算，以及票据和证券的发行与流通、黄金买卖、财产信托、保险等，都可能发生一些"破坏金融交易秩序"的犯罪。为了保证金融产业的良性发展，在刑事手段介入之前，需要有金融监管机关的管理和相关经济、行政法律的规范，这个环节会伴生出某些"破坏金融管理秩序"的金融犯罪。

一、金融概述

现代模式的金融交易包括了几方面要素：金融市场，金融工具，个人、企业、银行等金融交易主体，金融监管主体，以及各种金融交易规则和监管规则。从这个角度讲，金融犯罪就是个人、企业等金融交易主体，在金融市场上利用金融交易工具，严重破坏了金融交易规则和监管规则的某些行为；因为金融机构和金融监管部门的特殊地位，金融监管机构常常是这些案件的首要处理者，也是金融犯罪案件的重要移送者；银行等金融机构在金融犯罪中具有受害人和监管者

（发现者）的特殊地位，但其工作人员及机构本身又常常是金融犯罪的行为人。

1.金融与金融市场

简单来说，金融就是资金的融通，是指一切与货币的流通和信用有关的经济活动的总称，如我们熟知的基金、同业拆借等融资方式。[●]随着资金融通方式的多元化和现代化，出现了日益丰富的各类融资工具，金融市场也愈发细分，如证券市场、外汇市场、黄金市场等。

这些金融行为，除了要遵循《中华人民共和国民法通则》《中华人民共和国劳动合同法》和《中华人民共和国物权法》（以下简称《物权法》）等相关民事、经济法规，还需依据其金融行为涉及的金融工具和金融市场，遵守相关行政管理法规，如《期货交易管理条例》《中华人民共和国外汇管理条例》，还包括《证券业从业人员执业行为守则》《中国银监会关于规范商业银行理财业务投资运作有关问题的通知》等。

2.金融机构

在现代的各种融资活动中，金融机构作为专门从事货币信用活动的中介组织，起着不可或缺的作用，是金融活动的重要主体。就金融犯罪而言，几乎所有的犯罪活动都与金融机构有关，有时是受害者，有时是犯罪者，有时是监管者。研究金融犯罪及其侦查活动，有必要厘清金融机构在各种金融犯罪中的角色定位。我国的金融机构，按其地位和功能可分为四大类。

第一类是中央银行，也就是我国的中国人民银行。与金融犯罪相关的，它是发行的银行，其重要职能之一是代表国家发行货币，一些假币犯罪鉴定事务与之相关；此外，它还是国家的银行、银行的银行，是国务院管理全国金融业的主管机关，负责起草有关法律和行政法规、依法制定和执行货币政策，监督管理银行间各类市场，组织协调国家反洗钱工作等，在金融犯罪的侦查合作中起到重要作用。

第二类是银行，银行提供各种形式的存款、贷款和中间业务，是金融活动的重要参与者。为了适应激烈的市场竞争，各商业银行在风险控制程度、业务侧重点上都略有不同，这在一定程度上与金融犯罪的动向相联系。

第三类是非银行金融机构，主要包括保险公司、证券公司、财务公司等。这

些机构提供股票、债券、小额贷款、贷款担保、保险等传统银行存贷款业务外的资金融通方式，20世纪90年代以来逐渐发展，尤其是最近几年，已经成为人们普遍认可的融资方式和融资渠道。❶相对传统存贷业务而言，这些机构提供的金融工具的市场化程度更高，加上我国目前各类证券、期货、保险等制度的不完善，该领域的金融犯罪种类较多。

第四类是外资金融机构，指在境内开办的外资、侨资、中外合资金融机构。这些机构在我国的规模较小，批准的业务类型不多，而且相对而言管理比较严格，以目前的数据看来，这类机构中案发的金融犯罪较少。

除了中国人民银行，其他银行等金融机构在金融犯罪中有着相对特殊的身份，除了会成为某些骗取贷款、保险诈骗案件的受害者，还会有另外两种相互矛盾的身份。一方面，它们从本质上说是商业主体，有竞争压力，为了扩张业务增长盈利，本身可能会有一些违规违法的操作事项，如违法开具票据等；而且作为资金的中介者，它们也常发生损坏客户利益的行为，是金融犯罪的主体或参与者。另一方面，银行等金融机构又与一般个人、企业等商业主体不同，这些机构规模大、管理制度化，与政府部门的配合程度较高，是各类资金流转的首要统计者，有汇报可疑汇款交易和证券市场异动等义务，而且银行通常作为大型企业有层级的内部审核机制，又在一定程度上担负着金融犯罪发现者的职能。对金融机构而言，集受害者、发现者和犯罪者这三种身份于一身，形成了金融犯罪侦查中比较特殊的一些现象。

3.金融监管机构

金融市场上除了自然人、企业和金融机构等参与主体，还有担负市场监管职能的国家机构，即银监会、保监会和证监会"三会"：银监会负责统一监督管理银行、金融资产管理公司、信托投资公司及其他存款类金融机构，其非法集资处置办公室负责非法集资类案件的定性；保监会负责统一监督和管理保险市场；证监会是全国证券期货市场的主管部门，对全国证券、期货业进行集中统一监管。

严格说来，我国的金融监管机关只有这"三会"，但实践中，我国的中国人民银行和外汇管理局也担负着金融监管的职能：中国人民银行发行货币，制定多种类型的金融工具交易规则，并负责反洗钱等具体业务的展开；国家外汇管理局

❶ 以证券市场为例，截止2013年3月1日，我国沪深两市共有A股账户16 876.67万户，B股账户253.43万户；有效账户13 482.01万户。参见网址：http://www.chinaclear.cn/。

负责外汇管理，对外汇收支、买卖、借贷、转移，以及国际间的结算、外汇汇率和外汇市场等实行管制措施。形成了"一行三会一局"的金融监管格局。

从各监管机构的职能分工可见，它们负责金融市场中相应规则的制定，并监管各类金融交易行为，金融犯罪都是先违反了相应的行政监管法规之后的"二次犯罪"。因此，对很多金融犯罪而言，其首先要面对的是这些行政部门的监管，其次才是司法机关的审查。反映在两个方面：一是从宏观的监管角度，金融监管机关从政策和具体监管措施等方面影响着金融犯罪的犯罪方法和发展趋势；二是从具体案件的处理角度，很多金融犯罪是由这些金融监管部门先发现而后移交给侦查机关的，其中涉及监管机构和侦查机关的多方面合作，这些处理措施和合作过程，决定了金融犯罪侦查的一些特点。如2013年初银行业债券市场的违规操作引发的一系列金融犯罪，与监管部门的监管死角有关，这些案件的查处，涉及监管银行业务的银监会、监管债券业务的证监会和监管市场的中国人民银行，侦查活动要与这些监管部门进行协作。❶

二、金融犯罪的界定

金融犯罪，按照刑法规定主要是指刑法分则中的"破坏金融管理秩序罪"和"金融诈骗罪"；学理上可分为"破坏金融交易秩序"和"破坏金融管理秩序"犯罪两类，后者与目前刑法中的章节罪名并非同一范畴。本书研究侦查活动，更注重从犯罪方法的角度出发界定犯罪行为，所以比刑法中的范围略有扩大。

1. 一般意义上的金融犯罪

金融犯罪是伴随金融市场的建立和发展而产生的一类犯罪，就刑法体系而言，金融犯罪不是一个独立的罪名，它是包含在经济犯罪中的一类犯罪的总称。这类犯罪涉及金融领域，且犯罪行为指向的社会关系均为国家的金融管理制度，因而在理论上称之为"金融犯罪"。按照刑法学上比较简单的定义，金融犯罪是指依法应当受到刑事处罚的破坏金融管理秩序的行为。❷

2. 金融犯罪的刑法种类

根据刑法学上金融犯罪概念的界定，金融犯罪包括《中华人民共和国刑

---

❶ 杨颖桦. 证监会再度表态：监管债券代持有法可依［N］.21世纪经济报道，2013-4-30.
❷ 曲新久. 金融与金融犯罪［M］.北京：中信出版社，2003：62.

法》（以下简称《刑法》）第二编分则第三章破坏社会主义市场经济秩序犯罪中的两节：第四节的破坏金融管理秩序罪和第五节的金融诈骗罪，以及全国人民代表大会常务委员会《关于惩治骗购外汇、逃汇和非法买卖外汇犯罪的决定》中的骗购外汇罪。

其中，金融诈骗罪分为集资诈骗罪、贷款诈骗罪、票据诈骗罪、金融凭证诈骗罪、信用证诈骗罪、有价证券诈骗罪、保险诈骗罪、信用卡诈骗罪八类。破坏金融管理秩序罪涉及罪名较多，大致可分为危害货币管理制度犯罪，危害金融机构设立管理制度犯罪，危害金融机构存贷管理制度犯罪，危害金融票证、有价证券管理制度犯罪，妨害信用卡管理制度犯罪，危害证券、期货市场管理制度犯罪，危害客户、公众资金管理制度犯罪、危害外汇管理制度犯罪和危害其他金融业务经营管理制度犯罪。❶

3. 金融犯罪的学理分类

我国目前对金融犯罪的刑法分类，与当时的立法环境有关。20世纪90年代中期，金融业进入快速发展阶段，根据当时的经济管理需要，我国对金融犯罪的治理，从政策和模式上都选择了金融管理本位主义，所以对金融犯罪的界定标准是"破坏金融管理秩序"，而后把其中具有犯罪方法典型性的诈骗案件单列为"金融诈骗罪"。这种分类在法理上并不科学，虽然我国的金融监管机关整体上负责金融行为的监管，但不能就此认为所有金融犯罪都是以破坏金融管理秩序为本

---

❶ 依据侵害的客体，破坏金融管理秩序罪中的刑法罪名大致可作如下归类：

（1）危害货币管理制度犯罪。这类犯罪主要包括伪造货币罪，出售、购买、运输假币罪，金融工作人员购买假币、以假币换取货币罪，持有、使用假币罪，以及变造货币罪。

（2）危害金融机构设立管理制度犯罪。这类犯罪主要包括擅自设立金融机构罪，伪造、变造、转让金融机构经营许可证、批准文件罪。

（3）危害金融机构存贷管理制度犯罪。这类犯罪主要包括高利转贷罪，骗取贷款、票据承兑、金融票证罪，非法吸收公众存款罪，违法发放贷款罪，以及吸收客户资金不入账罪。

（4）危害金融票证、有价证券管理制度犯罪。这类犯罪主要包括伪造、变造金融票证罪，伪造、变造国家有价证券罪，伪造、变造股票、公司、企业债券罪，擅自发行股票、公司、企业债券罪，违法出具金融票证罪，以及对违法票据承兑、付款、保证罪。

（5）妨害信用卡管理制度犯罪：窃取、收买、非法提供信用卡信息罪。

（6）危害证券、期货市场管理制度犯罪。这类犯罪主要包括内幕交易、泄露内幕信息罪，编造并传播证券、期货交易虚假信息罪，诱骗投资者买卖证券、期货合约罪，以及操纵证券、期货市场罪。

（7）危害客户、公众资金管理制度犯罪。这类犯罪主要包括背信运用受托财产罪、违法运用资金罪。

（8）危害外汇管理制度犯罪。这类犯罪主要包括逃汇罪、骗购外汇罪。

（9）危害其他危害金融业务经营管理制度犯罪。目前这类犯罪只有洗钱罪。

质属性的，这会模糊某些金融犯罪所侵害法益的本质。如各类金融欺诈行为，它们是因为破坏了主体间平等、诚信的金融交易秩序而成为监管的对象，而不是像假币、洗钱等直接破坏了金融管理秩序。有学者认为，目前，金融犯罪的治理模式应从原来的国有金融机构保护主义转向平等保护主义，从"金融管理本位主义"转向"金融交易本位主义"，并据此提出：应正确认识"金融管理"的适当的狭义内容，将"破坏金融管理秩序罪"和"金融诈骗罪"的立法模式转变为"破坏金融交易秩序罪"和"破坏金融管理秩序罪"的立法模式。❶

从金融犯罪侦查的角度看，把金融犯罪分为"破坏金融交易秩序"和"破坏金融管理秩序"两类，有利于认识金融行为和金融犯罪行为的本质特点，对金融犯罪侦查中厘清相关范畴也很有意义。例如，对某些交易型金融犯罪，更接近于民事法律关系保护的范围，这类罪名和治理模式应该从"严苛"转向"宽和"，这个原则可以作为金融犯罪侦查活动中掌握刑事政策的指导标准之一。考虑到"交易型金融犯罪"的分类，侦查中也更容易理解常见的"刑民交叉"问题，这类"定性难"的原因部分源于平等主体的民事交易行为和刑事犯罪的混淆；这种分类中的"破坏金融管理秩序罪"，是更典型违反金融管理秩序而构成的犯罪，其侦查阶段必然涉及监管主体的相关活动，因而出现了金融犯罪侦查中的"行刑衔接"问题。❷

4. 本书界定的金融犯罪

本书界定的金融犯罪，以一般意义上的金融犯罪，即破坏各类金融交易秩序和金融管理秩序为核心，但范畴稍有扩大。实践中，有些破坏金融秩序的行为会因为实体法规定、取证难度等原因而被认定为其他罪名，本书界定的金融犯罪包括这些行为，其主要表现"扰乱市场秩序"中的"非法经营罪""合同诈骗罪""组织、领导传销罪"等罪名。这种界定主要是出于侦查实践的考虑，因为很多利用金融工具的犯罪在侦查阶段尚不能确定准确的罪名；也符合审判实践中对金融犯罪的一般归类，如《2012年度上海法院金融刑事审判情况通报》中记录："2012年上海法院共收金融犯罪案件2030件2299人……涉及破坏金融管理秩序

---

❶ 刘远. 金融欺诈犯罪立法原理与完善［M］.北京：法律出版社，2010.

❷ 需要说明的是，虽然刑民交叉问题与交易型金融犯罪、行刑衔接问题与破坏金融管理秩序犯罪之间有内在的逻辑联系，但并不是完全相同的范畴。尤其是行刑衔接问题，因为我国目前的金融犯罪分类和监管机关监管范围的广泛性，侦查中行刑衔接问题在很多有关金融交易犯罪的罪名中都有体现。

犯罪71件，金融诈骗犯罪1758件，扰乱市场秩序犯罪94件。"

金融犯罪中的非法经营罪，主要指某些非法经营外汇、证券和期货等金融工具的行为。目前，非法经营外汇、借贷款项、私募基金等行为时有发生，因为刑法中的金融犯罪没有相关罪名，所以一般认定为非法经营罪；有的典型的金融犯罪，如地下钱庄参与的洗钱行为，因为难以证明犯罪者对某些黑钱性质有"明知"的犯罪故意，通常也被认定为非法经营罪。

金融犯罪中的合同诈骗罪，主要的适用范围是一些具有非法占有故意，并涉及某些金融工具但又不符合金融诈骗罪刑法归类的情形。目前的金融工具可谓日新月异，随着期权、掉期等各类新型金融衍生品的发展，出现了越来越多的KODA❶等客户定制型的复杂金融交易工具，当类似交易工具被利用来进行诈骗时，因为刑法中缺少针对性的罪名，就可能被笼统定性为"合同诈骗罪"。另外，实践中还有一种情况，某些犯罪在行为方法上类似于"非法集资""集资诈骗"，但因为各种原因可能会被认定为"合同诈骗罪"，如"蚁力神"案件❷。

这些犯罪，因为法律规定和证明机制等原因被认定为"非法经营罪""合同诈骗罪"，甚至"组织、领导传销罪"等其他罪名，本书研究侦查活动，应该从犯罪方法的角度出发，这些行为虽然被认定为刑法"金融犯罪"之外的其他罪名，但其本质上仍是关于各种金融交易的犯罪，而且也涉及"一行三会一局"等相关金融监管机构，所以大众和金融行业领域还是习惯把这类犯罪归为金融犯罪的范畴。实践中，这类案件也常由公安经侦部门中负责金融犯罪的队伍和人员进行侦查，其中涉及的环节和面临的问题与其他金融犯罪相似，本书以侦查为视角，所界定的金融犯罪也应当包括这些可能被定性为"非法经营罪""合同诈骗罪"或者"组织、领导传销罪"等扰乱市场秩序的犯罪行为。

近年来，金融领域还高发一些诈骗和盗窃案件，如因电话、短信诈骗而到银行转账，盗窃他人的银行卡密码等行为，这类犯罪在刑法明确适用诈骗罪和盗窃罪等罪名，虽然也有人将其统称为金融犯罪，但严格来说它不属于破坏金融秩序的一种行为，除特别说明外，此类案件不属于本书界定的金融犯罪的范畴。

---

❶ KODA的全称是Knock Out Discount Accumulator，也被称为Accumulator，翻译为累计期权，是一种极其复杂的金融衍生产品，它可以与外汇、股票、石油期货等挂钩，通常合约的期限为1年。

❷ "蚁力神"案件：王奉友注册成立的辽宁省蚁力神天玺集团有限公司，主要从事蚂蚁养殖经营活动，并从事"蚁力神"系列产品的生产和销售。该公司以"租养""代养""自养"蚂蚁等方式，吸收众多养殖户巨额资金，最终资金链断裂，无法履行公司与养殖户签订的合同。2009年5月，王奉友等涉案人员55人被控构成合同诈骗罪等多项罪名。

三、金融犯罪的现状

近年来，我国金融体制改革的各项工作取得了重大进展，大型商业银行逐步重组上市，证券市场结构得到调整，保险投资领域大幅开放，利率市场化，外汇体制改革也取得了进步。金融行业近年来的增长率一直保持在12%以上，远超我国GDP 8%左右的增长速度，但是，金融犯罪案件也不断发生。根据2008年1月公安部新闻发布会的通报，2007年全国公安机关立破的破坏金融管理秩序案件3976起，同比上升11.3%；金融诈骗案件9055起，同比上升14.3%。而且金融犯罪的犯罪趋势经常与国际金融形势和国内经济情况相关，近来银行信贷规模普遍收紧，民间借贷利率走高，集资诈骗的案发率上升，如2011年上半年，部分地区的民间借贷平均利率已升至23.8%，江苏警方上半年受理集资诈骗案件数量比去年同期增长一倍。❶整体说来，我国的金融犯罪有以下特点。

1. 案件数量增加,涉案金额大

总的来说，20世纪90年代至今，受到经济波动、货币政策、宏观调控及金融犯罪打击力度等因素的影响，我国的金融犯罪具有起伏性特点，近几年来，金融犯罪案件明显增多，成为新的经济犯罪增长点。以上海法院系统2005年至2009年金融犯罪收案情况为例，呈逐年增加趋势（如表1-1所示）。❷

表1-1　上海法院系统2005年至2009年金融犯罪收案情况

项目 ＼ 年份	2005	2006	2007	2008	2009
件数	303	324	394	562	896
人数	363	432	531	715	1086

虽然从绝对数量上看，数字并不惊人，但其涉案金额却远远高于一般犯罪，常常达到上千万元，甚至上亿元，给国家和人民财产造成了巨大损失。被称为2011年银行业十大案件之首❸的齐鲁银行"伪造票证案、票据诈骗案"，涉案金额

❶ 田享华，徐燕燕. 涉众经济犯罪日渐"两高"：上当容易追赃难［N］.第一财经日报，2011-11-28.

❷ 贺平凡，周强，肖晚祥，等. 依法惩治金融犯罪　维护金融市场安全——上海高院关于金融刑事审判的调研报告［N］.人民法院报，2010-6-17.

❸ 盘点2011年银行业十大案件. 参见和讯网：http://bank.hexun.com/2011-12-30/136832911_3.html。

据称达到60亿元；2012年12月证监会通报的广东中恒信公司、薛书荣等机构和个人操纵市场案，涉及552只股票，累计交易金额高达571.76亿元，非法获利达4.26亿元。以非法吸收公众存款和集资诈骗案件为例，2006年1月至10月全国共立案1210起，涉案金额175.1亿元人民币，占同期全部经济犯罪涉案金额的22.2%❶。

2. 金融诈骗案件比例大

据有关调查，在所有的金融犯罪案件中，金融诈骗犯罪所占比重较大，其中又以金融票证、贷款、信用卡、信用证4类诈骗案件最为突出，立案数占金融诈骗案件总数的90%。以2009年上海法院系统的调研报告为例，共受理一审金融犯罪案件896件，审结生效834件。在审结生效的834件中，破坏金融管理秩序犯罪105件、金融诈骗犯罪686件、扰乱市场秩序犯罪43件。共涉及16个罪名，其中，伪造货币1件，出售、购买、运输假币32件，持有、使用假币39件，非法吸收公众存款15件，伪造、变造金融票证9件，擅自发行股票、公司、企业债券1件，内幕交易、泄露内幕信息1件，妨害信用卡管理7件，集资诈骗4件，贷款诈骗12件，票据诈骗54件，金融凭证诈骗4件，信用证诈骗5件，信用卡诈骗601件，保险诈骗6件，以非法经营罪处理的涉金融犯罪43件（非法经营证券27件，非法买卖外汇13件，其他3件）。其中，金融诈骗犯罪，尤其是信用卡诈骗犯罪数目最多，其比例分布参见图1-1。❷

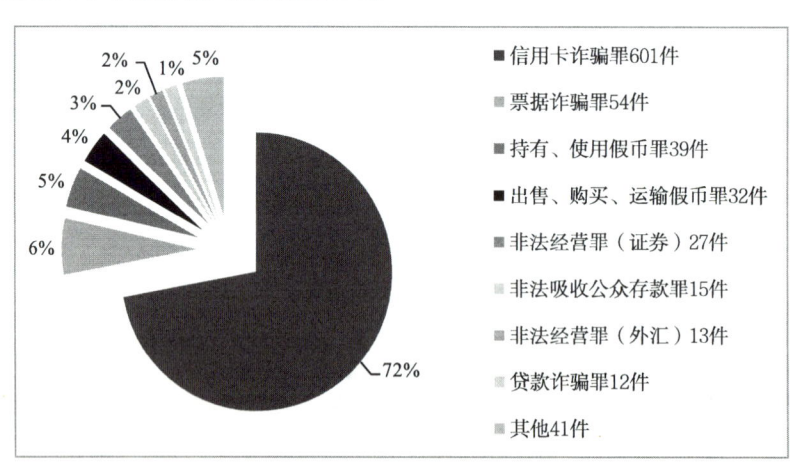

图1-1 上海法院系统2009年度审结的金融犯罪罪名分布情况

---

❶ 刘宪权.金融犯罪刑法理论与实践［M］.北京：北京大学出版社，2008.

❷ 贺平凡，周强，肖晚祥，等.依法惩治金融犯罪 维护金融市场安全：上海高院关于金融刑事审判的调研报告［N］.人民法院报，2010-6-17.

3. 犯罪黑数大、案发比例低

按照上述全国和上海地区的金融犯罪的绝对数和分布比例来看，该类案件数量虽然逐年上涨，但整体看来数字并不大，且信用卡等犯罪方法相对简单的票证诈骗占了所有审结案件的绝大部分。这与人们的认识很不一致，如"老鼠仓"案件，涉及刑事犯罪的人数屈指可数，但业内人士却认为基金经理中涉嫌类似操作的人应该不在少数；涉嫌股价操纵的案发数目也不多，但很多炒股人士购买股票的标准之一是看是否有庄家介入；银行业案发的很多票据、贷款诈骗案件，常常是因为外部审计、人事交接或出现了其他的巨大事件才被发现的。这在一定程度上说明，金融犯罪，尤其是票证诈骗之外的犯罪并不罕见，只是因犯罪特点等原因导致其隐蔽性强，在司法部门的统计数据中"看起来"案发率较低。犯罪黑数大，决定了打击金融犯罪的重要任务是扩大案件来源。

4. 涉众型犯罪数量多

随着社会公众对金融活动参与程度的提高，各类涉众型金融犯罪数量逐步增多。其中最为典型的是非法集资型犯罪，包括非法吸收公众存款、集资诈骗等案件。以江苏省为例，2010年7月至2011年6月，全省集资诈骗案件受害人数合计达2200余人，非法吸收公众存款案件受害人数合计达2.6万余人。这类案件案发范围广、人数多，有较大范围的社会影响，侦查活动的工作量非常大。

而且犯罪方法花样繁多，如在沿海地区极为盛行的"抬会""标会"等民间融资活动；以"国家对生态环境进行保护、发展绿色产业、民间资金造林等方面采取的鼓励政策"为幌子，许诺高额回报、进行非法集资的行为；以预售、合作经营、投资入股，或加盟为名，收取订金和加盟费，向社会公众集资的行为，等等。各种名目的犯罪手法，都是为了利用公众的投资融资心理使之上当受骗，同时也给侦查活动带来了专业上认定的困难，尤其是需要甄别集资诈骗、非法吸存、传销和正常经营的区别。北京分红科技发展有限公司非法集资案，该公司在全国各地设立办事处，采取代理网络广告位交付订金并定期分红的手段跨区域作案，涉嫌金额为1.78亿元，作案区域涉及13个省，被害人数达到1万多人❶，由于案件涉及众多被害人，取证范围跨区域，而且在定性上有分歧，经多方争议最后认定为"非法吸收公众存款罪"。

---

❶ 田享华，徐燕燕. 涉众经济犯罪日渐"两高"：上当容易追赃难 [N]. 第一财经日报，2011-11-28.

5. 涉及金融机构内部人员的案件多

金融犯罪中，有些罪名要求是特殊主体，如"利用未公开信息罪"的犯罪主体是"证券交易所、期货交易所、证券公司、期货经纪公司、基金管理公司、商业银行、保险公司等金融机构的从业人员，以及有关监管部门或者行业协会的工作人员"。其他一般主体的金融犯罪中，也常有金融机构工作人员的参与，有的独立作案，有的内外勾结，或是外部人员拉拢金融机构工作人员，或是内部人员熟悉制度漏洞伙同外部人员作案。数额巨大影响恶劣的金融案件，多有金融机构工作人员的参与。就历年来的银行业十大案件来看，大部分都有涉案的银行工作人员受到刑事处罚，如2012年自首的原中国银行哈尔滨河松街支行行长高山涉嫌票据诈骗约10亿元，2011年汉口银行的相关负责人卷入5527万元假担保事件。

从我国各金融机构的管理现状来看，存在一些比较普遍的问题，如自身的业务流程设计不合理，基础管理落后，内控制度不完善，审核制度不严格，等等。这些问题，对于门外汉来说很难了解其究竟，但金融机构工作人员熟悉金融业务及操作程序，知道如何利用管理漏洞进行犯罪。2011年，温州银行一位信贷员在半年内伙同他人连续7次成功实现造假骗贷，共骗取1600余万元贷款，作案手法并不高明，犯罪成功的直接原因就是银行内部风险管理机制存在漏洞，缺乏贷款的层级严格审核。❶

内部人员的参与使金融诈骗犯罪更加隐蔽，也更容易成功。这导致了侦查中的几个问题：第一，犯罪隐蔽且案发时间长，金融业务又相对专业，取证不易；第二，因为涉及银行的工作人员，并可能暴露相关的制度漏洞，银行作为信用机构有时并不乐意刑事力量的介入。

6. 团伙犯罪增多

由于金融业务具有复杂、严格的办理手续和审批程序，有的金融犯罪往往一个人难以完成，就会常常出现有组织、有预谋的团伙犯罪。在信用卡诈骗、外汇犯罪、集资犯罪案件中，往往是多人协作，形成有计划、有组织的犯罪团伙。以某操纵证券价格案件为例：自2007年4月至2009年10月间，薛某等人先以70个自然人名义在44家证券营业部开立112个资金账户，买入股票；然后黎某、张某

---

❶ 盘点2011年银行业十大案件。参见和讯网：http://bank.hexun.com/2011-12-30/136832911_4.html。

等人安排人员制作上述股票的荐股PPT，并将PPT传送至薛某等人控制的荐股节目制作单位；同时，薛某等人先后私下联络10家证券公司和8家投资咨询机构的30名证券分析师，完全按PPT内容录制荐股节目吸引投资者入市，并在节目播出当日或第二个交易日，将预先买入的股票迅速卖出获利。❶类似犯罪涉案人数多、环节复杂、分工明确，取证的工作量和难度都非常大。

7. 危害后果进一步延伸

除了金融诈骗罪，很多金融犯罪并没有明显的受害人，也不是一种明火执仗的犯罪，人们对金融犯罪的危害后果认识不足，这种意识甚至也影响了侦查人员。其实，相对于其他犯罪，金融犯罪的危害性不仅限于受害人，还会影响到金融机构的信誉和金融机制的正常运行。司法实践中，有的金融犯罪案件虽已侦破，但仍然会引发人们对于金融制度的信任危机，如票据诈骗和贷款诈骗等犯罪，罪犯往往是找到了工作流程或者金融工作人员的某些漏洞才能成功实施犯罪，这些案件的披露会影响到金融机构的信誉。2004年至2011年，公安部直接侦办和组织地方公安机关共查处"杭萧钢构"案、"广发证券"案等内幕交易、泄露内幕信息等大案要案总计50起，涉案金额超过45亿元，这还只是冰山一角。证券市场上，几乎每个股民都会有这样那样的内幕消息，自然也会导致人们对于证券从业人员职业道德乃至整个证券市场运作的怀疑。

人们对市场运行秩序的不信任已经突破了金融犯罪有限的财物损失，向深度延伸，由直接的财产侵害过渡到复合型的损害。这对金融制度、金融市场的发展，包括经济活动中的诚信制度都会造成巨大的损害。对于这种严重破坏金融交易秩序和管理秩序的犯罪，应该适用比较严厉的刑事治理手段，落实到侦查工作中，侦查人员应该转变观念，从拓宽案件来源渠道、加强专业化的查证、注意追赃工作等多方面加大对该类案件的查处。

四、金融犯罪的特点

金融犯罪的现状宏观上影响着现阶段侦查工作的难点、重点和政策问题，金融犯罪的本质特点则在具体方法上影响侦查和取证措施的采用。

---

❶ 中国证券监督管理委员会. 关于广东中恒信公司、薛书荣、郑宏中等机构和个人操纵证券市场案的通报〔N〕. 2011-12-9.

1. 犯罪方法的专业性

金融犯罪破坏了正常的金融秩序，要达到这个目的，首先需要行为人对这些专业的金融行为、金融规则和相关的金融活动有较多的了解。实践中，犯罪人往往具有丰富的金融专业知识，甚至具备长期从事相关金融业务的经验，他们会利用自己的知识特长和职业专长在熟悉的领域中进行犯罪。

除了业务知识的专业性，金融犯罪的科技化、网络化、智能化程度也在不断提高，利用网络进行的金融犯罪已达到相当比例，2012年的"互联网十大犯罪案件"中就包括了两起金融犯罪。❶这些专业性和智能性的犯罪特点同时也意味着金融犯罪具有较大的隐蔽性，犯罪者具有专业知识和专门技术手段，实施犯罪的时候就会尽量地隐蔽，有时还会运用一定的反侦查措施，使得案件既难以发现，又难以查证，引致了金融犯罪的犯罪黑数较大的问题。

2. 犯罪性质的复杂性

金融犯罪的复杂性在侦查中主要表现为"定性难"问题，简单说，"定性难"是指侦查机关在接受案件甚至进行了某些调查和侦查活动之后，仍然不能确定争议行为是普通的民事纠纷还是刑事犯罪，抑或明确了是刑事犯罪后不能确定适用哪一种罪名。即我们常说的罪与非罪、此罪与彼罪的判断问题。

金融犯罪的"定性难"问题非常突出，且主要反映在"罪与非罪"的界限问题上，这是由金融犯罪的天然属性决定的。如我们前述的一种分类方法，金融犯罪可以分为"破坏金融交易秩序罪"与"破坏金融管理秩序罪"两类，正常的交易秩序主体之间主要是由民事商业规则所制约的民事关系。"破坏金融交易秩序罪"，简单说是指某些突破了正常的金融商业交易规则而形成的犯罪，典型的如金融诈骗犯罪。虽然某些犯罪行为与正常民事交易秩序之间的划分在法律规定中比较清晰，但落实到取证工作，常常要依靠"非法占有的目的""明知"等主观故意的证明，这又恰好是证明中的难点，于是导致了很多民事纠纷和刑事犯罪之间的争议。以吸引投资者买卖非法金融期货而导致其损失的某案件为例，被告人虽辩称是民事纠纷，但因其在交易系统中进行了外挂等欺诈设计，使投资者难以

---

❶ 包括攻击、敲诈香港金融业网站案（公安部直接指挥湖南警方摧毁一个攻击、诈骗香港金融业网站的犯罪团伙，抓获肖某等6名犯罪嫌疑人）和"浮云木马"网银盗窃案（江苏徐州警方破获将木马程序植入受害人计算机、窃取网银资金案，警方抓获这一犯罪团伙的50余名犯罪嫌疑人，涉案金额1000余万元。）参见人民网：http://legal.people.com.cn/n/2013/0128/c188502-20352569.html。

从交易中获利，所以该行为本质涉嫌合同（集资）诈骗，但因为难以证明"非法占有"的主观故意等原因，公诉机关以非法经营罪起诉至法院。❶金融犯罪"刑民交叉"的这个特点，是侦查活动中的一个难点，也引发了管辖权争议等一系列问题，下文详述。

3. 金融犯罪的行政违法性

金融犯罪属于典型的法定犯、行政犯，是以违反金融交易和金融监管法规为基础的"二次犯罪"❷。金融活动的运行，首先要遵守金融监管机构的各种行政法规❸，否则就构成了行政违法，如果行政违法"情节严重""数额较大"以致触犯了刑法，就构成了金融犯罪。可见，所有的金融犯罪都具有行政违法和刑事违法的双重性。

鉴于金融犯罪的这种双重违法性和行政监管机关的职能，很多金融犯罪都是因行政违法由行政部门进行最初的调查取证，当行政主管机关认为该行为涉嫌犯罪时才会移交给司法部门❹，于是导致了金融犯罪中"以罚代刑"的问题。具体是指，行政机关在审查行政案件时，因为各种原因可能对某些应当移交的案件没有移交，把刑事犯罪作为行政违法行为处以行政处罚。这个特点对金融犯罪的侦查活动还有一个更重要的影响，就是"行刑衔接"的问题：行政机关把涉嫌犯罪的案件移交给司法机关，这其中涉及立案衔接、证据衔接和证据的使用和转化等多种问题。

4. 金融犯罪的动态性

金融犯罪的动态性，一方面指实体法规定的金融犯罪内涵经常发生变化，另一

---

❶ "世纪黄金"诈骗案终结。参见网址：http://www.cngold.org/c/2012-08-14/c1262260.html.

❷ 姜涛. 行政犯与二元化犯罪模式［J］.中国刑事法杂志，2010，（12）.

❸ 这里所指的行政法规采取比较广义的界定，包括各类监管机关的行政法规，也包括某些金融商业机构自身指定的规章制度。后者虽在立法意义上不属于行政法规的范畴，但大多是依照各类行政法规精神制定的具体细则，或者其他为了防控金融风险而实施的规则，属于规范金融管理秩序的一部分。本书主要从破坏这些规则所规范的金融管理秩序的角度出发，探讨移交给公安机关的案件的取证问题，因而对这些规范进行统称。

❹ 有关"老鼠仓"行为的几个著名案件的处罚中，相关违法人员都是先由证监会进行行政调查：景顺长城基金公司基金经理涂强被取消基金从业资格，除没收违法所得外，另罚款200万元，并终身市场禁入；长城基金公司基金经理刘海被取消基金从业资格，没收违法所得外罚款50万元，并罚三年市场禁入。长城基金公司的韩刚则因涉案数额较大，涉嫌违反《刑法》中规定的"利用未公开信息罪"，被证监会依法移送公安机关追究刑事责任。

方面指金融犯罪本身的犯罪方法经常变化。金融犯罪作为典型的法定犯，随着经济环境、金融秩序和司法实践的变化，有关金融犯罪的实体法规定会随之修正。从最近几年的刑法修正案来看，有关金融犯罪的内容占了很大比例，或增加条款，或明确适用，或调整法定刑的尺度❶，并出台了很多司法解释。这种犯罪范畴的变化性，要求侦查人员了解相关的法律规定的具体内容及其体现的刑事政策。

金融犯罪方法的变化性比较强，这也是其动态性的重要体现，可以说，金融犯罪中的犯罪方法日新月异。法律规定变化，犯罪者就会规避现有法律制度的规定，尽量利用其他方法犯罪；金融监管机关的监管力度和方法变化，也会引起犯罪方法的变化，如央行利用大额交易的数据库预警机制发现洗钱犯罪，犯罪者就把黑钱拆成"小额"多次存储；另外，侦查机关的打击重点、网络技术的发展、电子商务等交易形态的发展等因素，都会影响金融犯罪的方法。时至今日，很多金融犯罪方法已经与十年前甚至几年前大不相同，了解犯罪方法，是进行侦查活动的基础。

5. 与其他犯罪的关联性

金融犯罪的发现和侦破常常与其他犯罪联系在一起。金融犯罪是有关"钱"的犯罪，常与得到非法利益的其他犯罪相联系，一旦走私、毒品等犯罪被查处，就会涉及赃款的去向问题，从而出现洗钱犯罪。"权""钱"联系，还常见相关的职务犯罪，如"王小石案件"❷。在2007年华夏银行成都分行1.4亿金融凭证诈骗案中，犯罪嫌疑人以从公司游说拉款—到银行（或上门）办理开户手续—途中偷（换）印鉴—找人伪造印鉴—从银行非法转款的方式进行金融诈骗，涉及诈骗金额高达2.4亿元，涉嫌的罪名有票据诈骗罪、金融凭证诈骗罪、洗钱罪、虚报注册资本罪、伪造公司印章罪、对公司人员行贿罪等多项罪名。

---

❶ 例如，针对信用卡的普及和信用卡诈骗案件的增多，2005年《刑法修正案（五）》对信用卡犯罪进行了修正；2006年《刑法修正案（六）》中的七条是关于金融犯罪相关规定的修订：扩大了洗钱罪的上游犯罪、加大操纵证券罪的处罚力度，增加了骗取金融机构贷款罪，等等；伴随着证券市场的繁荣，2009年《刑法修正案（七）》明确了"老鼠仓"行为适用"利用未公开信息罪"，认定"非法经营证券、期货、保险业务的，或者非法从事资金支付结算业务"为非法经营罪；2011年《刑法修正案（八）》取消了信用证诈骗、金融凭证诈骗和票据诈骗罪的死刑。
❷ 王小石案发前是中国证监会发审委工作处的副处长，因接受拟上市公司的贿赂，于2005年12月以受贿罪被判处有期徒刑13年，并处没收个人财产人民币12万元。

6.地域的广泛性

很多金融犯罪案件的活动范围，完全突破了传统地域限制，无论是沿海发达地区或中心城市，还是内陆欠发达地区或偏远乡村，都会发生金融违法犯罪案件，跨省、涉港澳台或涉外犯罪所占比重也逐步增加。很多信用卡诈骗案件的犯罪嫌疑人流窜全国作案，涉众型犯罪的受害人也常常遍布全国各地，网络金融犯罪更是地域广泛，其服务器终端甚至放在国外。地域的广泛性不仅给侦查活动增加了工作量和工作难度，也对部门协作和区域协作机制提出了更高的要求。

第二节　金融犯罪侦查

本书讨论金融犯罪侦查，主体部分主要总结了侦查实践中比较突出的"刑民交叉"、行刑衔接和涉案财物处理等几种典型的情况。对于金融犯罪侦查的整体情况，尤其是区别于其他犯罪在侦查活动中的相关特点，如舆情监督、选案分析方法的使用，利用书证的特性进行侦查活动等，在此部分简单进行论述。

一、金融犯罪侦查的特点

相对于普通刑事犯罪，经济犯罪的侦查活动有其独特之处，作为经济犯罪的典型代表，金融犯罪侦查活动的特点体现在案件来源特殊、取证协作难度大、侦查协作多、侦查任务多重性等各个方面。

1.案件来源特殊

金融犯罪的犯罪黑数，部分源自于侦查机关接受案件后的查证难度很大，更重要的是源于这类犯罪本身难以发现。很多金融犯罪并不针对具体的被害人，如违法出具金融票证、证券犯罪、外汇犯罪等破坏金融管理秩序的犯罪，混淆于各类金融业务中，又没有被害人的报案，侦查机关根本不可能知晓这些危害后果严重但并不显著的犯罪的发生，侦查活动也无从开展。从这个角度讲，除了被动地接受案件，主动拓宽案件来源是保证有效打击金融犯罪的基础，在金融犯罪侦查中具有非常特殊的意义。以下介绍目前常见的几类案件来源。

第一，被害人报案、知情人举报。报案是金融诈骗类案件的重要案件来源，而且绝大多数被害人或被害单位在报案时都能提供较为详细的被害人身份、案发经过等信息，是重要的案件信息。但在某些情况下，被害人或被害单位为了能够引起经侦部门的重视，常常会夸大其被害的事实，甚至在一些控告贷款诈骗、集资诈骗案件中，会把经济纠纷描述为严重的犯罪事实以期公安机关的介入，或者是故意隐去金融机构本身的制度缺陷或业务操作不当等情节，对于这些情况，侦查机关需仔细询问，认真识别。

为了扩大案件来源，效仿职务犯罪侦查的相关措施，各经济犯罪侦查机关普遍设立了"经济犯罪举报中心"搜集案源，采用现场报案、电话举报、网络举报等多种形式。金融犯罪业务流程较多，通常不是一个人可以完成的，如非法外汇交易涉及多个用户的注册，操纵股票价格往往需要多个庄主联合坐庄，金融机构违法发放贷款也涉及申请、审批和放贷程序中的多个人员，他们都会是案件的知情人，可能会因为各种原因进行犯罪举报。

第二，金融监管部门等行政部门的移送。金融犯罪是金融行政违法的递进和演化，各金融监管部门在日常工作中会发现金融违法行为，如确认构成刑事犯罪，应当移交给侦查部门；对于一些破坏证券管理秩序犯罪、外汇犯罪等没有明确被害人的案件，这更是一种重要的案件来源。在工商部门对公司、企业进行登记管理的过程中，有时也会从资金来源、经营项目等方面发现贷款诈骗、非法发行证券等金融犯罪。

第三，破案带发。侦查机关在侦破走私等经济犯罪或毒品、职务犯罪等刑事犯罪案件时，会牵带发现信用证诈骗、洗钱犯罪等金融犯罪案件的线索。对于隐蔽性很强的金融犯罪而言，这类案件在移交时已经有了比较明确的犯罪嫌疑人和一定的侦查线索，也是金融犯罪比较常见的一种来源。

第四，主动发现。对于刑事案件，侦查部门通常应按照被动型侦查为主的原则受理案件，但鉴于金融犯罪的犯罪黑数较大，现在越来越多的要求侦查机关主动发现案件线索。选案分析和舆情监督就是两个主动发现案件信息的典型方法。

选案分析，是指公安机关通过计算机、人工或两者相结合，将各类与案件有关的经济信息、数据进行归纳分类，运用事先设定的指标和程序进行对比、甄别和判断，从大量的经济活动中发现异常，进而筛选出最有可能属于金融犯罪的事实及其嫌疑人。例如，对于操纵股票价格案件，可以用某种方法分析出价格波动异常的股票；对于保险诈骗案件，也可以通过理赔信息的对比筛选发现高频率索赔车辆的疑似信息，然后进一步查证是否存在金融犯罪。

舆情监督，目前主要是指侦查机关通过网络对有关金融犯罪的信息进行监督从而主动发现嫌疑线索。鉴于互联网的高速和便利发展，很多犯罪分子利用网络传播非法吸存、非法外汇交易等犯罪信息，甚至是直接用"电子商铺"投资委托经营和到期回购等网络方式进行犯罪，侦查部门可以通过对他们在网络上散布的信息顺藤摸瓜，寻找案件来源；也可以通过对网民集中讨论的受骗信息进行辨别找出重点案件来源。在大力发展侦查信息化的今天，这些主动发现的方法是金融犯罪侦查中情报信息资料的深化和活用。

2. 取证难度大

金融犯罪嫌疑人通常具有较高的文化素质和专业素质，能够利用现代化的金融工具实施犯罪，犯罪方法专业、快捷而且不会留下过多的证据，给侦查工作带来相当难度。从近年来查处的"地下钱庄"案件中可以发现，作案者基本都是选择隐蔽地点、安装监控设备、利用网络银行和电子商务进行转账，具有极高的反侦查能力。此外，很多金融犯罪嫌疑人都是在本职工作上实施犯罪，可以在侦查工作展开时故意设置障碍甚至销毁证据，给侦查活动增加了难度。也有的犯罪人有较大的活动能量，会借助于各种保护关系干扰侦查工作进行，这在涉及单位犯罪时尤为典型。

3. 侦查协作多

如前所述，金融犯罪具有专业性强、与其他犯罪的关联性和地域广泛等特点，这就决定了其侦查工作需要比较多的侦查协作，专业性决定了取证中有较多的部门协作（下文有详细论述）。金融犯罪与其他犯罪的关联性和地域广泛等特点，决定了侦查活动中还涉及很多不同警种、不同地区侦查机关的内部配合问题，以及与国外警方和国际刑警组织的合作。

近年来，随着国际上惩治金融犯罪的一致要求，我国在犯罪嫌疑人抓捕和赃款追缴等金融犯罪侦查方面与国际上的协作增多。如潜逃至加拿大的高山，因为其金融诈骗嫌疑人的身份而不能在加拿大取得合法身份，迫于压力回国自首；沈磊，因金融诈骗案件潜逃国外，于2009年6月在阿尔巴尼亚地拉那国际机场被该国警方截获，10月15日，应杭州警方要求被引渡回国。目前，洗钱等金融犯罪在赃款的查询和追缴方面的协作也通过各双边或多边协议合作增多。

4. 侦查任务具有多重性

金融犯罪的一个显著特点是犯罪行为给国家和受害人造成了极大的经济损

失，除了查证案件事实、调取证据、缉获犯罪嫌疑人这些侦查任务之外，评价一个金融犯罪侦查工作完成如何，还要看案件中赃款赃物的收缴情况。一方面，对于这种以经济利益为目的的犯罪，受害人往往对受损利益的补偿心理要大于对犯罪嫌疑人予以刑事处罚的惩治心理，对受害人最大的保护是挽回经济损失；另一方面，对于很多犯罪嫌疑人而言，如果他们预期刑罚不太严重，会在"坦白从宽"和"留着赃款回头花、给子女花"中选择后者，所以，无论是为了受害人和国家利益的补偿、还是有效惩罚犯罪人，侦查工作都要注意不能只是简单认定犯罪数额，还要对赃款赃物及时追缴。

宏观上来讲，金融犯罪侦查活动的目的除了打击犯罪，还要注意犯罪的防控制度建设。遏制金融犯罪最有效的手段是预防控制而不是打击，这是各国公认的一个准则，对此，侦查机关可以从自己的侦查业务角度出发，参与金融犯罪防控建设。除了通过侦查活动抓获犯罪嫌疑人，达到个别预防和特殊预防的作用，还可以把侦查工作的预防作用体现在以下几个方面：一是各级经侦部门要结合案件的侦查工作，总结规律，以便发现金融业务中存在的漏洞和薄弱环节，进而提请相关部门研究和制定预防金融犯罪的措施；二是要针对打击金融犯罪工作面临的新情况，结合相关经济形势和金融政策，加强对金融犯罪基本情况的综合分析，掌握其犯罪特点、犯罪规律及发展趋势，增强工作的预见性和主动性，从而适时调整经侦工作重点、侦查力量部署，防范和控制经济犯罪；三是要加强打击金融犯罪工作的宣传力度，对公民进行法制教育，与传统犯罪不同，金融犯罪的结果不是以血淋淋的危害性出现的，人们对它的惩治意识不高，需要增强公民的法制观念，提高公民对其危害性的认识。

二、金融犯罪证据的特点

证据是刑事诉讼的基础，侦查活动都是围绕着证据这个中心展开的，由于金融犯罪的特点，其证据也有自身的特点，具体表现为如下三点：

1. 序列性、对应性和差异性

曾有学者把经济案件的证据进行总结，认为其具有明显的序列性、对应性和差异性的特点。这三个特性，从本质上来说都是伴随经济业务的"业务性"而来，金融犯罪的证据也具有这些特点。❶所谓序列性，是因为金融犯罪都与一定

❶ 戴蓬. 经济犯罪侦查难点和热点问题研究评述 [J] .中国人民公安大学学报，2002（5）.

的金融流通活动紧密相连，它与正常的金融流通的区别仅仅在于它的虚假性和欺骗性，但同样要按照每一种金融活动的流程、环节、阶段依次衔接进行，在这个过程中必然要形成一个完整的证据系列，金融业务的序列性使金融犯罪的证据也表现出序列性的特点。

对应性，大多学者称之为对偶性，是指"经济犯罪案件的证据经常成双成对地出现"，如会计账目的借方和贷方，仓库的出货数量和车队的承载数量等。实际上，经济犯罪和金融犯罪中的相同信息，因为有金融交易的双方和各类金融机构的参与，不仅呈现双方的对偶性势态，更多的是在三方或者多方出现完全相同的内容，所以本书称之为证据的"对应性"。如集资诈骗案件中，有出资和收资双方对应，股票买卖中，有买股人的买卖记录与证券公司记录、证券交易所记录相对应，车辆保险诈骗中，保险人得到的赔偿数目、汽车修理厂的发票数目与保险公司的理赔数目相对应，等等。

差异性，是指正常的金融业务与金融犯罪相比较，会存在重大差异，这种差异会由金融犯罪案件的证据表现出来。金融犯罪是破坏了正常交易规则和管理秩序构成的犯罪，并以不当谋利为目的，所以在交易数据上与正常业务相比会显现出一定的差异性，如非法集资中号称的较高收益率，洗钱犯罪中不正常的资金流动，非法经营票据承兑案件中犯罪嫌疑人与银行间的承兑业务记录等，都与正常的金融行为有差异。利用数据的差异性甄别金融犯罪是重要的案件来源之一。

上述三个方面不仅是对金融案件证据特性的概括，也为金融犯罪的侦查和取证提供了路径。第一，证据的序列性，提示侦查人员在确定侦查切入点的时候，可以依据业务流程进行侦查，如某保险诈骗犯罪，可以从投保阶段开始按照业务流程进行顺查，某洗钱犯罪，可以依据外汇交易的业务流程和经手人进行逆查；而且，依据序列性的要求，搜集的证据要能完整地反映资金流向等一笔或几笔金融业务流程，可以用这个方法来判断证据链是否完整。第二，证据的对应性，为金融犯罪侦查提供了多种取证渠道，如难以从嫌疑人处取得的证据，可以从银行、保险公司等金融机构获取。第三，证据的差异性，提供了发现金融犯罪的标准，因为正常业务和金融犯罪间存在差异性，可以以差异性为视角发现犯罪，如前述"选案分析"的方法；依据差异性的要求，搜集的证据要能反映出金融犯罪与合法金融业务之间的差异，以证明其犯罪行为，如募集资金与经营业务不成比

例的业务数据比较等。

2. 书证多且信息隐蔽

除了伪造假币、信用卡等案件外，大多金融犯罪没有一般意义上的犯罪现场，金融犯罪取证的对象通常不是痕迹等物证，而是以合同、票据等文本形式存在的书证。对犯罪构成要素的主、客观方面事实的证明，多数要靠书证来完成，其中很多是金融机构提供的电子交易书证，这成为金融犯罪侦查中要重视的一个证据特点。

金融犯罪发生在金融领域，除了集资类案件与金融机构无关，其他均会在银行、证券公司等留下完整的交易记录，这些书证的内容真实明确，而且金融机构有协助义务，得到证据本身的工作很容易完成，但这并不意味金融犯罪的取证容易，这类证据的隐蔽性表现为之前取证范围的确定和得到相关证据后的内容认定。以内幕交易为例，犯罪者在开立账户时通常不会用自己的名字，这种隐蔽性导致取证时不知从金融机构调取哪些书证，确定相关户名之后，取得交易记录的相关书证，但书证的内容并非一目了然，具有"隐蔽性"，需要经过比较专业的分析才能确定交易记录是否与内幕信息有关，进而确定是否可定性为"内幕交易"。

3. 证据对主观方面的证明作用不同

普通刑事案件中，只要证据能够证明案件客观方面的事实存在，一般就可以认定犯罪人主观要件的成立。金融犯罪案件中，主观方面都要求以"故意"为犯罪要件，这一点往往很难通过客观方面的证据得到明确的认定，所以才有很多"刑民交叉"等"定性难"的问题。这就要求在讯问犯罪嫌疑人取得言辞证据时，需特别注意搜集和固定能证明其"明知""非法占有之目的"等主观故意方面的口供；搜集其他证据时，也要注意与主观故意的间接证明关系。

三、金融犯罪的侦查途径

相对于普通的刑事犯罪，金融犯罪案件侦查中除了"由案到人"的侦查途径，还有很多案件适用"由人到案"的侦查途径，常见的具体侦查途径很多，结合金融犯罪以获取不法利益为目的的特点，金融犯罪案件提供了比较特别的侦查途径,介绍以下几种。

1. 从资产的流向入手,侦查取证

金融犯罪中的资产,除了物品、现金外,还包括存款、票据、信用证和有价证券等金融资产,而且这些金融资产是违法所得获取阶段的典型表现形式。金融犯罪的过程,基本就是各种金融资产和财物的流转过程,掌握这些财物的流向,简单说就是钱"从哪来,到哪去"的过程,基本就可查清案件的重要事实并对案件定性。如集资诈骗案件侦查中,了解被害人为何及如何把钱给了集资者,可以判断嫌疑人是否有欺诈行为;掌握集资财物的去处,如是否挥霍、是否从事非法经营活动等,可以判断嫌疑人是否有归还的意图和能力。

2. 从控制涉案财物入手,侦查取证

金融犯罪多涉及犯罪者一些实名和匿名财产,他们在作案过程中或者案发后会设法转移财产,侦查工作可以从财物入手,密切关注嫌疑人自身及其亲属的动产、不动产和金融账户等,通过对涉案财物的了解、掌握、控制,以物找人、由物诱人,对于查证案件事实、抓捕嫌疑人都是一个很好的切入点,而且也为将来的追缴赃物工作奠定基础。❶

3. 从书证入手,侦查取证

金融犯罪中大量出现各种书证,包括金融机构留存的交易记录、被害人保存的借条、犯罪嫌疑人的账本等,或电子形式,或纸质形式,都记录了金融业务的资金项目名目、资金数额、发生日期等信息,能够比较完整显示金融业务内容。而且,留存在金融机构和被害人手中的相关证据内容相对丰富,侦查时又容易得到相关机关和人员的配合,易于发现、搜集,是重要的侦查活动切入点。

4. 从金融业务流程入手,侦查取证

鉴于经济业务的序列性特点,形成了这类适用于经济犯罪的比较特殊的侦查途径。经济业务、金融业务多遵循一定的流程循序进行,如期货交易、保险理赔等,都会涉及多个环节,且各个环节之间相互联系;同样,金融犯罪作为经济业务进行的一种形态,虽然是一种违法的金融业务活动,但也会经历上述流程。所

---

❶ 陈祥民. 经济犯罪案件侦查 [M].沈阳:辽宁人民出版社,2007.

以在金融犯罪案件侦查活动中，可以依照金融犯罪的流程来开展侦查工作，以贷款诈骗案件为例，完成这种犯罪，同样要经过正常贷款程序中的贷款申请、核查、批准等经济业务流程，所以，侦查工作中可以按照业务流程中涉及的相关手续和相关人员厘清取证思路，从中发现申请、审批和资金使用等环节的异常现象，以及依流程可能涉案的银行信贷员、部门主管、核查人员等。

第二章　金融犯罪侦查与刑事政策

如何在司法活动中适用宽严相济的刑事政策，学者们研究得非常多，但主要集中于审判阶段和审查起诉阶段，对于这项政策在侦查阶段的适用，则较少论及。实际上，侦查活动对于整个刑事政策的贯彻有非常重要的意义，主要体现在两方面。一是基于侦查阶段在整个诉讼活动中的地位：作为刑事诉讼程序的初始环节，侦查阶段是立法和司法刑事政策在整个刑事诉讼活动中实现的基础，侦查活动的目标，即取证的具体内容，本就源于实体法的规定，实体法中的刑事政策必然会渗透到侦查活动当中；尤其就我国的司法现状而言，非常倚重侦查环节，很多案件实质定性于侦查阶段，所以说，整个金融犯罪适用的刑事政策想要实现，离不开侦查阶段的贯彻。二是基于侦查活动本身的性质和内容：侦查活动中的主要内容是各种调查措施和强制措施的使用，如何在这些具体措施中贯彻宽严相济刑事政策的基本内涵，也是刑事政策内容的重要体现。

第一节　金融犯罪的刑事政策

经济犯罪的刑事政策一直都是刑事政策研究领域的重点，金融犯罪在动态性、行政违法性方面的特点更加突出，是经济犯罪刑事政策体现的典型代表。金融犯罪适用的刑事政策受到具体经济环境和社会环境的影响，针对我国目前的金融犯罪现状，应该适用"严而不厉、宽严相济"的刑事政策。

一、刑事政策概述

刑事法律体系中的立法、司法、执法和犯罪预防等活动，除了要严格遵守法律规定，也会受到刑事政策中各项准则、策略、方针的指引，我国的刑事政策经过建国初期"惩办与宽大"相结合的刑事政策和20世纪80年代"严打"的刑事政策，到90年代确立了"宽严相济"的刑事政策，并延续至今。

1. 刑事政策的概念

德国学者费尔巴哈最早于1800年率先使用"刑事政策"一词，中国对刑事政策的研究启于20世纪80年代，学者们对其内涵和外延的界定略有不同，其大意是指国家基于预防犯罪、控制犯罪以保障自由、维持秩序、实现正义的目的而制定、实施的准则、策略、方针、计划及具体措施的总称[1]，具体可分为立法政策、司法政策、刑罚政策、执行政策和犯罪预防政策等。

其中，刑事司法政策又包括侦查政策、起诉政策、审判政策和行刑政策。一般说来，人们谈到刑事司法政策，都是在与现有刑事法律相对意义上使用这一概念，即指在现有刑事法律规定的基础上，指导法律适用的观念、原则、价值取向和理论学说，也包括适用法律的具体做法和经验总结。这其中最为关键的问题是如何处理刑事司法活动与刑事法律之间的关系，也就是说，如何才能既严格遵守既定法律，又可以能动地通过司法实现政策目标和立法目标。[2]

2. 宽严相济的刑事政策

刑事政策本身具有动态性特征，会随着社会的发展和经济的进步而不断变化；针对不同时期政治、经济、文化等方面的发展状况，我国自20世纪90年代确立了"宽严相济"的刑事政策。"宽"，表现为非犯罪化、非监禁化和非司法化三种情形：非犯罪化是指本来作为犯罪处理的行为，基于某种刑事政策的要求，不作为犯罪处理；非监禁化是指某一行为虽然构成犯罪，但根据犯罪情节和悔罪表现，判处非监禁刑或者采取缓刑、假释等非监禁化的刑事处理措施；三是非司法化。非司法化是就诉讼程序而言的，在一般情况下，凡是涉嫌犯罪的都应进入刑事诉讼程序，但在某些情况下，犯罪情节较轻或者刑事自诉案件，可以通过刑事和解的方式解决。"严"，主要是指法网严密，有罪必罚；"济"，是指"宽"与"严"两者互相救济、协调和结合。目前，宽严相济刑事政策日趋成熟，已经成为刑事司法实践中最为基本和适宜的刑事政策。

二、金融犯罪适用的刑事政策

金融犯罪作为一种复杂性、专业性、法定性和动态性都非常突出的犯罪类

---

❶ 曲新久. 刑事政策的权力分析 [M]. 北京：中国政法大学出版社，2002.

❷ 万国海. 经济犯罪的刑事政策研究 [M]. 哈尔滨：黑龙江人民出版社，2008.

型，刑事司法体系不可能对其在诉讼活动中出现的各类问题进行具体详尽的规定，实体法方面如诈骗方法的类型，程序法方面如强制措施的具体适用条件、涉案财物的返还范围等，都只能做一个原则性的规定，对一些比较空白的地方，就需要发挥刑事政策在金融犯罪中的调整和规制功能，及时弥补静态刑事法律体系的不足。

1. 金融犯罪刑事政策的影响因素

金融犯罪刑事政策的整体影响因素和现阶段适用的具体表现，同样适用于侦查阶段，但在侦查活动中有不同的偏重点。

第一，宏观经济形势。宏观经济形势既会影响金融犯罪的类型和方法，又会影响到国家打击金融犯罪的态度和具体措施的实施。金融犯罪具有典型的动态性特点，经济形势会影响金融行业的运作方式，从而影响金融犯罪的类型和犯罪方法。例如，当经济形势走低的时候，金融机构对行业风险控制就比较谨慎，个人和企业的融资难度高，因而容易诱发非法集资等犯罪行为。鉴于金融犯罪涉及范围广、案件数目大、涉众人数多等特点，打击金融犯罪时除了考虑犯罪本身的因素还要结合各项措施对经济秩序的维护等其他社会效果。例如，2008年全球金融危机的环境下，最高人民法院就曾在《关于为维护国家金融安全和经济全面协调可持续发展提供司法保障和法律服务的若干意见》中提出了六项司法保障金融安全的政策措施。❶

第二，金融领域的制度结构。目前，我国处于社会结构的变化阶段，表现为社会发展方向的变化、信仰危机、价值观的多元化和社会控制力的弱化等外在形式，这些因素会进而引起犯罪率的上升和新型犯罪的出现，金融领域内的犯罪情况在社会转型方面也有很突出的表现。近年来，金融产业一直以高收益率在各产业中居领先增长地位，公众普遍认为这是一个有可能得到很高经济回报的领域；但是，我国的金融交易制度和管理制度并不健全，于是，50%、100%的民间借款利率并不罕见，听消息买股票等着发大财的也大有人在，于是，民众的求利心理和对金融产品的侥幸获利心理为犯罪者提供了土壤，各类冠以"基金""外汇"名义的诈骗和非法经营犯罪层出不穷。对于金融机构内部的人员来说，也会

---

❶ 这六项措施是：第一，最大限度保护国有金融债权；第二，防止国有资产流失；第三，依法制裁逃废银行债务行为；第四，严厉打击金融犯罪活动和制裁金融违规行为；第五，保障证券市场的稳定运行；第六，加强协调配合，防范系统性风险。

因为金融环境存在较强的犯罪动机；其他行业的人员常常觉得金融从业人员的报酬高，但对于每天接触大量资金的金融人员而言，就会觉得自己的收入太低，这也是很多年薪上百万的基金经理仍要进行"老鼠仓"交易的原因之一。"社会结构的变迁对刑事政策的影响是直接或间接通过犯罪事实和犯罪现象来表达的"❶，各种金融犯罪现象反映了社会结构的变化，也必然导致相应刑事政策价值理念的转变。

第三，国际司法环境。金融犯罪是最为典型的国际型犯罪，不仅指金融犯罪的影响范围和涉及区域有国际化因素，还包括其犯罪手法和犯罪趋势的国际化；应对金融犯罪，国际社会在犯罪的打击、预防和治理方面也比较具有共通性，可以相互借鉴和影响。目前看来，国际环境对我国金融犯罪刑事政策的影响体现在各个方面：在金融欺诈等国际性犯罪中，适用类似的定罪、追赃和人员遣返标准；在刑罚措施方面，倡导适用资格刑和财产刑，不提倡适用死刑；另外，我国缔结和加入了多个国际公约和国际条约，这也对我国刑事政策的建立和调整产生影响，如《联合国反腐败公约》"反恐怖主义"的相关条约等对洗钱行为中账户查询权限、国际追赃协作的规定，《公民权利与政治权利国际公约》对犯罪嫌疑人的人权保护规定等。

第四，金融犯罪的总体形势。现阶段，网络技术与金融犯罪的结合产生了新的犯罪方法、金融机构的竞争压力容易产生违规现象、监管不力滋生了更多的犯罪等，这些因素整体上导致我国金融犯罪在数量上的上升和犯罪侦查难度的增加。另外，对金融犯罪的查处并不有力，有大量的金融犯罪未被发现，或者发现后被金融机构和监管部门内部消化。从侦查的角度来说，一方面要承认金融犯罪的本质决定了其犯罪黑数大的特点，但也要认识到侦查工作中的不足更是加大了这个黑数。

2. 在金融犯罪侦查中适用"严而不厉、宽严相济"刑事政策

"宽严相济"的基本要求是指在犯罪治理中做到"当宽则宽，当严则严，宽中有严，严中有宽，罚当其罪，罪刑相当"，但在具体适用的过程中，总会针对不同的犯罪类型在"宽"的范围和"严"的程度等方面有不同的表现，应用于金融犯罪，需要结合金融犯罪的具体情况，并考虑规制成本、坚持社会整体效果的有机统一，适用"严而不厉、宽严相济"的刑事政策。

---

❶ 赵亮. 当代中国社会转型时期的刑事政策调整［D］.长春：吉林大学，2008.

目前看来，我国对金融犯罪治理形成了"厉而不严"的状况：一方面，从法律规定和司法实践中看，金融犯罪的治理无论是程序性的措施还是实体法的处罚方面，都相对严苛；但一方面，金融犯罪的查处数目却相对较小。也就是说，在诸多的犯罪中只治理少数，但进行比较严格的处罚，当然，鉴于金融犯罪的状况和我国的警力配备有限的条件下，目前做到高质量查处大量的金融犯罪是不现实的，所以这种做法在现有条件下还是起到了一定的预防犯罪的作用，但是，这种现象终究会放纵犯罪人的侥幸心理，并且也不利于已受刑罚的犯罪人的改造。借鉴全球范围内对金融犯罪的治理模式，金融犯罪的治理更应该强调"严而不厉"的模式，既坚持对犯罪的打击，又对金融犯罪等经济犯罪进行多元化的刑罚处理，表现为慎用死刑、多用财产刑和资格刑；在强制措施方面，也注重与普通刑事犯罪的嫌疑人和嫌疑财产相区别，对涉案人和财物适用宽松和合理的强制措施。

同时，也需要贯彻"宽严相济"的理念。在对某些金融犯罪的具体处理秉持"当宽则宽"原则的同时，也要注意宽严相济，如对于某些主观恶意比较大、构成社会不稳定因素或者妨碍金融业务发展的典型犯罪，要适用比较严厉的刑事政策。这种"严而不厉"和"宽严相济"理念的结合，与目前金融犯罪司法体系的状况比较匹配，既可以打击金融犯罪，又符合我国当下金融业务发展和侦查力量有限的实际情况。

第二节　金融犯罪侦查的刑事政策

一、金融犯罪侦查中适用刑事政策的意义

无论是从侦查阶段对整个诉讼过程提供证据实现刑罚目的的角度，还是侦查活动中采取侦查措施和强制措施涉及人权保护的角度，都有必要在侦查活动中适用宽严相济的刑事政策。另外，刑事政策还具有预防功能，在侦查活动中贯彻刑事政策有利于犯罪预防体系的完善；这虽然看似与本书主旨的侦查活动没有直接关系，但就金融犯罪而言，某些具体预防体制的建立（如洗钱犯罪的数据库的建立），换一个角度说就是洗钱犯罪的案件来源和取证渠道，所以下文简单予以论述。

1. 有利于金融犯罪刑事政策的整体实现

侦查是整个刑事诉讼活动的初始环节，其任务包括查明案件事实、搜集证据、抓捕犯罪嫌疑人、追缴赃款赃物，以及预防和惩治犯罪。可见，侦查取证是整个诉讼过程得以顺利进行的基础，也是实现实体法立法意图的基础；尤其在我国，侦查阶段的地位举足轻重，"宽"和"严"的把握往往是在侦查阶段就开始的，贯穿着是否立案、是否或者何时采取何种侦查措施、是否侦查终结的全过程。要实现"宽严相济"的刑事政策，在侦查阶段就需要把握包括刑事立法政策在内的政策风向，这在一定程度上决定了是否要进行取证活动，以及取证活动要搜集哪些证据的问题。例如，我国刑事政策对于民间借贷的态度，决定着案件的定性和是否立案；对群体性案件中被害人利益的保护，决定着涉案财物作为证据的适用方法、返还的具体阶段和措施等。

而且，结合金融犯罪的特点，侦查环节这个为实体法提供定案基础的工具性作用更加突出。按照现代刑事法治的理念，刑事程序的启动应以被动接受为主；但这种被动启动的情况并不适合犯罪黑数极高的金融犯罪。"严而不厉"的刑事政策体现在侦查环节，要求侦查机关发挥主观能动性，扩大案件来源，如通过信息化建设提供数据分析基础，加大与行政机关的移送合作等。再考虑到我国经侦工作的实际警力和能力，侦查活动必须有重点地展开，如对涉众型案件的不同层次嫌疑人的区分，必须"宽严相济"。

2. 有利于完善案件处理机制

"非犯罪化、非监禁化和非司法化"是宽严相济刑事政策中"宽"的重要体现，在这些案件的处理过程中，侦查机关有一定的决定权，根据《中华人民共和国刑事诉讼法》（以下简称《刑事诉讼法》）第15条规定的六种不追究刑事责任的情形中的第（一）种"情节显著轻微，危害不大，不认为是犯罪的"的规定❶，可以依据刑事政策的指导原则予以适用。这一点在金融犯罪的范畴内也非

---

❶《刑事诉讼法》第15条：有下列情形之一的，不追究刑事责任，已经追究的，应当撤销案件，或者不起诉，或者终止审理，或者宣告无罪：

（一）情节显著轻微、危害不大，不认为是犯罪的；

（二）犯罪已过追诉时效期限的；

（三）经特赦令免除刑罚的；

（四）依照刑法告诉才处理的犯罪，没有告诉或者撤回告诉的；

（五）犯罪嫌疑人、被告人死亡的；

（六）其他法律规定免予追究刑事责任的。

常典型。例如，按照2010年《最高人民法院关于审理非法集资刑事案件具体应用法律若干问题的解释》（以下简称《非法集资案件审理解释》）第3条规定："非法吸收或者变相吸收公众存款……能够及时清退所吸收资金，可以免予刑事处罚；情节显著轻微的，不作为犯罪处理。"遇有类似接报案时，侦查人员如果经过取证发现虽然非法吸存的行为存在，但是已及时清退资金，可按《刑事诉讼法》第15条的规定不予追究；更要避免用刑事力量干预民事纠纷，避免出现过多的孙大午案件❶。2012年《刑事诉讼法》还赋予了公安机关在双方达成和解情况下的相关权利，虽然和解案件的范围并不包括金融犯罪，但这种从宽的刑事政策的整体精神有利于侦查人员对案件的处理，尤其是针对某些"刑民交叉"等"破坏金融交易秩序"案件的定性，可以考虑目前刑事政策对于该类争议行为的定性导向、犯罪主观目的不属特别恶劣时的定性等，如某些案件中贷款诈骗罪与骗取贷款罪的罪名选择。

对于有定性分歧的一些"刑民交叉"金融案件，结合刑事政策来适用具体情形，尤为重要。根据2013年上海法院系统的统计，该辖区内的金融案件出现"一升一降"的特点："金融商事案件一审收案数31 065件，同比上升34.4%，涨幅均为历年最高，导致上升的主要原因是金融借款合同纠纷案件的大量出现，金融借款合同、银行卡纠纷、保险类纠纷占据收案类型的前三强；与此同时，金融刑事案件一审收案数和被告人数同比下降39.5%和34%。"❷仔细分析这"一升一降"的原因，也许正是因为重新掌握了集资诈骗的衡量尺度，把之前可能归为刑事犯罪的"金融集资"认定成"金融借款合同"民事纠纷。

3. 有利于合理使用侦查方法

侦查活动中，侦查机关可以采用询问、检查、辨认、鉴定等一般性侦查方法，也可以采用搜查、扣押、讯问、通缉等强制性侦查方法，这其中并没有严格的法律规定，只能遵照侦查措施"比例性"的指导原则，即根据案件的危害程度

---

❶ 孙大午，河北大午农牧集团有限公司监事长。大午集团从事畜牧业和农副产品加工业，因长期无法获得银行贷款，转而采取向员工、亲朋和附近村民打借条的方法集资；2003年5月，警方以"非法吸收公众存款罪"逮捕孙大午，最终徐水县法院以非法吸收公众存款罪判处孙大午有期徒刑3年、缓刑4年，罚金10万元，大午集团同时也被判处罚金30万元。但学者认为，这种集资只是在行为方式上破坏了金融管理制度，但本质上并不涉及任何法益的侵害。

❷ 高院通报2013年度上海金融审判情况. 参见上海法院网：http://shfy .chinacourt.org/article/detail/2014/04/id/1269529.shtml.

和侦查需要选择侦查措施。金融犯罪中，依据犯罪嫌疑人的特点和犯罪的特点，一般应适用比较"宽"的侦查措施，通常不适合采用监听、秘密搜查等方式；但对于某些危害后果较大的洗钱犯罪、与相关职能部门相勾结的证券犯罪等，也可以适用比较严厉的侦查手段。

4. 有利于正确适用侦查措施

这里说的侦查措施，主要是指对嫌疑人的拘传、取保候审、监视居住、拘留和逮捕五种强制措施，以及对财物的查封、扣押、冻结等有强制性的财物控制措施。2008年12月23日，全国公安机关经侦系统执法工作电视电话会议提出："要加强和改进经侦执法工作的具体措施，在依法打击金融犯罪的同时要注重执法方式的转变，对负责企业正常经营的高管人员要慎用拘留、逮捕措施。决不能因为执法不当给企业生产经营活动造成影响，更不能从地方和部门利益出发，使企业的生产经营活动雪上加霜，甚至引发群体性事件。""对涉嫌犯罪企业的正常经营账户、资金，要慎用查封、扣押、冻结措施，对负责企业正常经营的高管人员也要慎用拘留、逮捕措施。要从办案的法律效果与社会效果出发，根据必要与可行的原则，正确适用强制措施。"这里提及对物的查封、扣押、冻结措施和对人的强制措施的适用原则，就是宽严相济刑事政策在侦查活动中的重要体现。

金融犯罪涉及很多赃款赃物的控制和处理问题，但相关内容在我国的法律法规中有一些缺失，侦查实践中，关于公安机关的财物处理方式、处理程序、嫌疑人的相关权利保障等方面缺少具体的规定，有的侦查人员比较习惯的做法就是"封账号、封财产、抓人"。实际上，很多案件中的涉案财物明显远远少于嫌疑人账户资产，根本没必要全部查封，对于没有潜逃和毁证意图的犯罪嫌疑人，也并非一定要拘留逮捕才能控制；采用这种比较粗糙的强制性措施，合法但不合理，甚至是过于严苛。适用宽严相济刑事政策，需要考虑人权保障的需要和相关民事法规的规定，按照"侦查措施必要性"的原则适用这些对人和物的强制性措施。

5. 有利于积极预防金融犯罪

刑事政策包括刑事预防政策，对于金融犯罪的综合治理而言，预防机制的建设有很重要的地位。实践中，预防的主要措施体现为建立有效的金融交易制度和管理制度，如银行贷款的层级审核、证券从业人员的金融交易监督等，但是，任何制度的设置都不可能是完美的，大部分的金融犯罪也正是利用这些制度漏洞而成功。如何防范这些漏洞，一方面是事前尽量建立完备的制度，另一方面也要依靠"亡羊补牢"式的后期弥补和改革；这里的"亡羊"，其实就是各种违法和犯罪案件。金融案件的发生常常能暴露管理体制的问题，侦查活动应对花样百出的犯罪方法，总结规律，并把这些方法反馈给金融机构和金融监管机构，后者再以此完善相关制度，这就是"补牢"的过程。金融制度的完善，很大程度上依赖于这种"魔高一尺，道高一丈"的反复修正。例如，针对洗钱犯罪，金融系统设置了"大额交易预警制度"，而洗钱者为避免引起怀疑就把钱按照小额分散存入，于是监管者就要根据这种情况继续设立"频繁交易预警制度"，这种不停的反复是应对金融犯罪比较独特的一种预防机制。可见，在侦查活动中贯彻预防政策的理念，及时总结犯罪规律，有利于认识新的犯罪方法，也有利于进一步从中发现案件线索和证据线索；向金融部门反馈其制度漏洞，也有利于金融制度的完善，降低某些金融犯罪发生的可能性。

二、金融犯罪侦查中适用刑事政策的问题

对于侦查人员而言，其工作依据主要是相关法律规定，当没有明确规定时，大多按照自身和前辈的经验进行，有很大的随机性，且多半偏"严"。侦查人员不理解"宽严相济刑事政策"的基本内涵，也不能在侦查中加以适用，有的时候还会出现某些"合法不合理"，甚至是不合法的情况。体现之处很多，主要介绍以下三个方面。

1. 缺乏对宽严相济刑事政策的认识

在金融犯罪侦查活动中，一部分侦查人员对宽严相济刑事政策的基本内涵没有认识，习惯性的取证范围是"宜大不宜小"，对人的强制手段是"宜紧不宜松"，以此来避免承担打击不力、放纵犯罪的责任，正如有的学者所言，侦查人员"片面强调'从严'而忽视'从宽'，形成'可拘可不拘的要拘、可捕可不捕的要捕、可诉可不诉的要诉''拘了要捕、捕了要诉、诉了要判'的思想，使一批可以从宽处理的人员受到超过限度的惩罚，增加了不必要的社会矛盾。"[1]

另外，宽严相济刑事政策中强调"从宽"的方面较之以往更多地进入人们的视野，司法实践中偶尔也出现另一种倾向，即过度重视"从宽"的适用，导致矫枉过正的后果，这是对宽严相济刑事政策的另一种理解偏差。[2]这种"从宽"的

---

[1] 赵亚云. 公安机关贯彻宽严相济刑事司法政策思考［J］.江苏警官学院学报，2007（5）.

[2] 梁彤，霍丽娜. 宽严相济刑事政策司法透视——以海淀检察院侦查监督部门的司法实践为视角［J］.中国检察官，2008（3）.

情形在金融犯罪中也比较典型，因为部分金融犯罪的危害后果不明显，如高利转贷、违法出具金融票据、非法经营外汇和票据业务等，甚至也没有明确的受害人施以压力，侦查机关的打击积极性和打击力度并不高。

2. 滥用对人的强制措施

为了控制嫌疑人，保障诉讼活动的顺利进行，我国《刑事诉讼法》规定了五种强制措施，可依据案情的需要选择适用不同严厉程度的强制措施。针对金融犯罪的嫌疑人而言，通常没有很大的人身危害性和再次犯罪的条件，很多案件的证据是金融机构的交易记录因而不可能销毁，所以没必要采取严厉的强制措施。但是，在刑事司法实践中，大多侦查机关在使用强制措施方面没有秉承宽严相济刑事政策的精神，滥用刑事强制措施的情况经常发生，具体表现为以下几个方面：第一，过度使用逮捕和拘留，这两类对犯罪嫌疑人的人身自由限制较大的措施，哪怕是对于比较明显的犯罪嫌疑人没有其他危害的情况下，也常常采用严厉的强制措施。第二，超期羁押的问题，虽然我国法律法规中有关于羁押期限的规定，但长久以来，法律似乎让位给了"习惯"，尤其是金融犯罪的案情复杂，侦查过程比较长，超期羁押的现象已经成为常态，这与宽严相济刑事政策完全不相符合。第三，取保候审的滥用，对于某些危害性较小的犯罪嫌疑人，可能会适用取保候审，其依据不是犯罪嫌疑人的人身危险性、所涉嫌罪名的性质及是否妨碍侦查等因素，而是"犯罪嫌疑人是否交纳保证金，导致某些司法机关通过取保候审谋取非法利益。"❶

3. 滥用对财物的处理措施

侦查活动中对于涉案财物的处理失当，主要体现在三个方面。第一，涉案财产的控制范围和手段不适当。虽然《刑事诉讼法》第139条规定了"与案件无关的财物、文件，不得查封、扣押"，但很多金融犯罪侦查中往往是把犯罪嫌疑人的所有财产全部进行冻结和扣押，不注意甄别与犯罪无关、完全不可能作为证据的财物，这既是一个相关法律法规执行不力的问题，也与刑事政策的贯彻程度有关；因为金融犯罪面临的财物性质混淆、形态各异，有的案件确实难以明确判断财产的性质，所以用"孳息数额不能确定、可能涉及其他犯罪"等理由总是会让

---

❶ 樊崇义、吴光升. 宽严相济刑事司法政策与刑事侦查程序 [J]. 中国人民公安大学学报(社会科学版)，2007 (3).

这些侦查行为控制在"合法"的范围内；这其中到底如何确定财物的控制范围，往往与侦查人员对刑事政策的理解有关，当控制范围过大时，对家庭而言影响其他家庭人员的财产权利，对企业而言影响企业的其他合法生产经营活动。第二，财物的保管方法不恰当。很多侦查机关认为，只要按照法律规定保管了涉案财物、没有挪用或丢失、能够作为证据使用即可，但却没有尽到应尽的保管义务，致使很多保管财物价值大量贬损。第三，侦查阶段财物的处理标准和方式混乱，按照法律规定，涉案财物应该随案移交，特殊情况下才可进行审前财产的退还和返还，但是，如何认定属于产权明确的"退还""返还"范围，或者为了保障资产最大化的"拍卖"范围等，实践中不可能进行明确的规定，也缺乏相关刑事政策的适用。

三、宽严相济刑事政策在金融犯罪侦查中的应然体现

侦查活动中对刑事政策的运用，虽然主要体现为相关侦查措施的运用，但因为侦查阶段也涉及立案标准和侦查终结条件等相关实体性的判断问题。所以在这个阶段适用宽严相济刑事政策，不仅包括有关刑事诉讼程序的政策，也包括有关刑事实体处理的政策，需要从刑事实体和程序两个方面体现宽严相济刑事政策的具体内容。

1. 把握立案标准

立案标准的把握，本质上体现为是否把某个行为纳入刑事司法体系的问题。"有犯罪事实、需要追究刑事责任、有管辖权"的立案标准，更多的是关于实体法的规定，涉及"刑民交叉"等各类问题，有时难以准确界定，于是实体法中适用的刑事政策提前到了侦查阶段。具体判断时，侦查机关要把握好度，一方面不能使民事纠纷或者"情节显著轻微、危害不大，不认为是犯罪的"进入刑事侦查程序，另一方面也不能使应受到刑事责任追究的案件反而没有启动侦查活动，尤其是处理那些非法经营类案件、集资类等涉众又容易有定性争议的案件时，需非常慎重。

立案过程中还有另一个层面的刑事政策体现，即拓宽案件来源的问题。针对金融犯罪，侦查机关应当使用比较积极的主动发现案件手段，如设立网络举报等广泛快捷的举报途径，并在信息化建设的基础上进行积极的舆情监督、选案分析等方法，拓宽案件来源、发现金融犯罪，体现"严而不厉"中"严"的一面。

2. 构建侦查程序分流制度

侦查程序分流，是指"在侦查阶段，由侦查主体对特定的已构成犯罪的案件，作终止诉讼的处理，而不再将被追诉人移送起诉和审判，追究其刑事责任。"●它不仅是一个程序法的问题，也是一个实体法的问题，其适用的案件范围主要是轻微刑事案件。金融犯罪中，大多案件侵害的法益比较严重，但也有些轻微刑事案件，如在房屋贷款中开具虚假收入证明构成的骗取贷款罪、在体检报告中隐瞒病情构成的轻微保险诈骗罪等，可以进行侦查分流，不追究其刑事责任。

这在非法集资案件中的体现更为典型，除前述《非法集资案件审理解释》第3条规定的不作为犯罪处理的情形，2014年最高人民法院、最高人民检察院、公安部发布的《关于办理非法集资刑事案件适用法律若干问题的意见》（以下简称《非法集资案件审理意见》）中第4条又规定："为他人向社会公众非法吸收资金提供帮助，从中收取代理费、好处费、返点费、佣金、提成等费用，构成非法集资共同犯罪的，应当依法追究刑事责任。能够及时退缴上述费用的，可依法从轻处罚；其中情节轻微的，可以免除处罚；情节显著轻微、危害不大的，不作为犯罪处理。"

3. 避免侦查活动中的有罪推定

金融犯罪中，搜集证明主观故意的证据比较难，而主观故意往往又决定了"罪与非罪""此罪与彼罪"的区别，于是嫌疑人是否承认犯罪故意成为讯问中的重要任务。由此可能产生两方面的问题：一方面，既然证明犯罪最直接的方式是得到犯罪嫌疑人亲口承认其主观故意的证据，就容易导致一些违规的讯问策略甚至是刑讯逼供；另一方面，实践中其实鲜有嫌疑人承认其犯罪意图，其主观要件往往要依靠其他证据予以证明，在搜集这些证据时，侦查人员要避免有罪推定，坚持讯问和调查相结合的原则，全面调查、搜集证据，包括有罪、无罪、罪重、罪轻的证据，辩证地运用犯罪嫌疑人的供述与辩解，也必须借助其他书证、物证、视听资料等实物证据加以佐证，形成相对完整的证据链，这些正体现了刑事政策"从严"和"宽缓"的两个方面内容。

4. 慎重行使逮捕权

逮捕，是五种刑事强制措施中最为严厉的一种措施，其适用的结果直接影响

---

❶ 张小玲. 论侦查阶段的程序分流 [J]. 中国人民公安大学学报(社会科学版)，2007（3）.

到犯罪嫌疑人的人身自由和其他基本人权，也关系到宽严相济刑事政策能否在金融犯罪侦查中得以正确适用。首先，体现为适用的条件。《最高人民检察院关于在检察工作中贯彻宽严相济刑事司法政策的若干意见》第7条对滥用逮捕问题提出了要求：在审查逮捕时应综合考虑主体、法定刑、情节、主观方面、基本证据、人身危险性等，严格把握逮捕条件，慎重适用逮捕措施，"能用其他强制措施的尽量使用其他强制措施……对于不采取强制措施或者采取其他强制措施不至于妨害诉讼顺利进行的，应当不予批捕。对于可捕可不捕的坚决不捕。"就金融犯罪而言，对于有潜逃和毁证可能、主观恶性大、危害后果严重的重大金融犯罪案件的嫌疑人，应适用拘留、逮捕这类比较严重的强制措施，如伪造货币、集资诈骗的嫌疑人；其次，体现为适用的期限。侦查机关在执行逮捕时，要避免超期羁押行为的出现，羁押是由于执行逮捕刑事强制措施所带来的连续限制犯罪嫌疑人人身自由的当然状态，金融犯罪案情复杂，侦查和审理期间都比较长，经常出现超期羁押，侵害了犯罪嫌疑人的人身自由。

5. 增加非羁押性强制措施的适用

非羁押性刑事强制措施，即监视居住和取保候审，目前在我国的侦查活动中适用比例较小。实际上，像金融犯罪中涉嫌高利转贷、非法经营、擅自发行股票等罪名的嫌疑人，因为有一定的身份而且处罚较轻，通常不会因该项罪名潜逃，在讯问等取证工作结束后，可以适用取保候审、监视居住等程度较轻的强制措施，体现"从宽"；如果这些非羁押性措施无法防止犯罪嫌疑人继续实施侵害法益的行为，则再适用逮捕措施，体现"从严"的内容。

"监视居住"与"取保候审"的适用范围完全相同，法律未作明确区别，导致公安机关在这两种强制措施的选择适用上具有很大的随意性。同时，也导致了侦查机关在适用监视居住强制措施时的盲目性，以至于监视居住在侦查实践中存在两种问题：一是消极不监视，二是变相的拘禁。对于此种情况，需要侦查机关在刑事政策的指导下，根据具体情况加以解决，如通过各类电子通信设备达到"监视"的形式和目的。

6. 合理适用财物处理措施

针对目前立法和司法状况都比较混乱的情况，依据宽严相济刑事政策的精神，对财物的处理应该区分不同阶段进行适用。

第一，侦查初期的财物控制环节相对过去的做法要体现"宽"：既要及时，

又要范围适当、措施合理。控制财物应以"与案件有关"为标准，即能满足证据价值和赃款赃物追缴价值的功能。具体体现为，控制财物时应分清财物的性质和产权归属，避免范围过大的查封、扣押和冻结措施。例如，当与案件有关的犯罪数额比较确定时，应依照相应数额扣押冻结涉案财物，"对涉嫌犯罪企业的正常经营账户、资金，要慎用查封、扣押、冻结措施"，避免影响企业的其他合法经营。以黄光裕非法经营、内幕交易、单位行贿案为例，公安机关在侦查过程中，并没有对国美电器有限公司的资产进行查封、扣押，而仅仅指向黄光裕个人的资产；而吴英集资诈骗案涉案金额巨大，则需要查封其全部财产。

第二，涉案财物的处理环节相对过去的做法要体现"严"，在审前处理财物时，要严格符合审前处理的条件和程序规定；除了法律明确规定应当返还和退还的情况外，都需要等到法院判决后再进行处理。

第三，涉案财物的保管方面，除了要保证证据的有效性和证明力，还要看是否符合"资产最大化""经济效益最大化""保护相关所有权人的权益"等内容，针对诉讼期间长的问题，要完善保管制度和拍卖制度。这其中还涉及赃物的善意取得制度、审前财产处理的范围、审后控制的合法财产的处理等刑事政策问题，相关内容将在本书第五章"金融犯罪侦查中的涉案财物处理问题"部分详述。

第三节　涉众型金融犯罪侦查的刑事政策

金融犯罪侦查中整体适用"严而不厉、宽严相济"的刑事政策，具体到某些具体的案件，适用重点又有所不同，如对诈骗类的、集团类的、影响社会稳定的金融犯罪，通常适用比较严厉的刑事政策；涉众型金融犯罪的侦查活动中，如何适用政策具有非常典型的意义。

涉众型金融犯罪，是指涉及众多被害人，尤其是涉及不特定多数被害群体的金融犯罪，它并不是刑法学意义上的类罪名，而是对刑事司法实践中严重侵害社会公众经济利益、破坏金融秩序的一类犯罪的总称，其范围一般是指集资诈骗罪、非法吸收公众存款罪等有特定受害人的"涉众"；有时也包括受害人不明确的假币犯罪、内幕交易罪、诱骗投资者买卖证券、期货合约罪等。

涉众型金融犯罪具有以下特点。第一，涉案人数的众多性、范围的广泛性。基于经济利益的驱动，社会各阶层和个人都存在一定程度的金融需求和欲望，都可能成为受害者；因为涉及案件的范围特别广泛，包括金融、证券、基金、保险等诸多经济领域，其参与的人员也具有多元性和组织性。[1]第二，犯罪行为的方式和手段具有欺骗性。主要表现为：以合法形式掩盖非法目的的虚假宣传，以高回报率吸引群众参与，且犯罪方式和手段变化多端以迷惑群众。第三，涉案金额较大。2008年1至11月，全国公安机关非法集资类罪名立案达1416起，涉案金额100亿元以上，平均案值为700万元。例如，辽宁营口东华经贸（集团）公司以发展养殖蚂蚁为名，非法集资近30亿元；北京亿霖木业公司案涉案金额总计16.8亿元。[2]第四，严重破坏社会主义市场经济的金融秩序和金融安全。

基于涉众型金融犯罪的上述特征，调整涉众型金融犯罪的刑事政策很有典型意义，因为案情重大，后果严重，所以不能过于宽缓；但涉案人数众多，有时又不适合过于严厉。具体说来，宽严相济刑事政策在涉众型金融犯罪中的适用应该从以下几个方面着手。

一、加强与其他机关的配合

侦办涉众案件时，既要遵守法律规定，又要考虑社会综合效应，具体来说，对于重大复杂的涉众型金融犯罪案件，要注意以下几点：第一，办案中要注意维护当地的政治和社会稳定，维护合法企业正常的生产经营活动，最大限度地挽回群众的经济损失；第二，加强司法机关之间的配合，尤其是检警配合，检察机关提前介入，对重大复杂案件进行专案管理，及早定性；第三，与工商、金融监管等相关部门加强联系，慎重定性，把握适用法律的准确性、惩处打击的适度性和强制措施的正当性和必要性。[3]

二、重视预防机制

在涉众型金融犯罪中适用宽严相济刑事政策，需要对涉众型金融犯罪及时发现和处理，将其消灭在萌芽状态。涉众型金融犯罪一般有比较长期的产生、发展和爆发过程，其中会有各种犯罪信息为公众所知，侦查机关要及时发现案件线索，提前建立起排查、监督和预警机制，一旦发现涉众型金融犯罪，即可在第一

---

[1] 印仕柏，李春阳. 涉众型经济犯罪之刑事政策及其适用［J］. 法学评论，2010（5）.

[2] 田光伟. 论涉众型金融犯罪. 国际商务财会［J］，2011（12）.

[3] 印仕柏，李春阳. 涉众型经济犯罪之刑事政策及其适用［J］. 法学评论，2010（5）.

时间进行立案侦查。这一方面要求侦查机关与工商、新闻媒体和基层社区组织等部门建立密切的联系，建立良好的沟通和有效预警机制；另一方面也要注意侦查机关的信息化建设，加强舆情监督。

三、区别对待不同类型的金融犯罪

在涉众型金融犯罪侦查中适用宽严相济刑事政策，要遵循比例原则，区别对待不同类型的金融犯罪，把握"宽"与"严"的平衡。

第一，侦查活动中，要对不同类型的涉众型金融犯罪进行区分。涉众型金融犯罪的类罪名包括非法吸收公众存款，集资诈骗，欺诈发行股票和债权，擅自发行股票或公司、企业债券，非法经营等行为，适用罪名不同，搜集证据的方向也不一样，要区分是否需要证明非法占有的主观故意，是否需要证明集资方式的专业性等。另外，罪名不同，参与的人员也会存在差异。例如，若认定某非法集资行为是集资诈骗，则涉及受害人赔偿的问题，如果认定为非法吸收公众存款罪或非法经营犯罪，按照宽严相济刑事政策的精神，虽然对有的参与者进行非犯罪化的处理，但他们并不是需要赔偿的被害人。

第二，侦查活动中，要对涉众型金融犯罪案件中的不同情况进行区分。在一些非法集资类案件中，有些企业最初属于非法吸收公众存款，用于正常经营，但是经过一段时间高息揽存后，不堪利息重负，资金链断裂，故而发展成集资诈骗罪；还有部分企业由于从合法金融渠道得不到资金而误入歧途，但一直在控制风险；也有的犯罪人从一开始就以建立庞氏骗局❶非法占有为目的；这些都需要甄别不同情况进行侦查。

另外，在认定性质后也要区别对待，对于第三种类型的犯罪人要依法严厉打击，对于前两种类型的涉嫌企业可相对轻缓，尤其是第二种，要以"企业能够继续发展、不特定公众的财产利益能够得到挽回"为原则，在这类案件的侦查中，对犯罪嫌疑人的强制措施和涉案财物的控制措施都应体现"宽"的一面，以促使企业走出困境。鉴于目前我国民间融资的广泛性，上述几种情况都是普遍存在的，这也正是2011年《最高人民法院关于审理非法集资刑事案件具体应用法律

---

❶ 庞氏骗局，是一种最古老和常见的投资诈骗，属金字塔骗局的变体，很多非法传销集团用这一方法聚敛钱财，因发明者的名字（一个叫查尔斯·旁兹的投机商人）而得名。庞氏骗局在我国典型表现为"拆东墙补西墙""空手套白狼"等。简言之就是利用新投资人的钱来向老投资者支付利息和短期回报，以制造赚钱的假象，进而骗取更多的投资。

若干问题的解释》(以下简称《非法集资案件审理解释》第4条中对不同情况区
分规定的现实原因。❶

第三，侦查活动中，要对不同层次的金融犯罪嫌疑人实行分层处理。对负主
要责任、起组织和领导作用的，要从严打击；对起次要作用且积极退赃、认真悔
罪的，可从宽处理；对一般参与群众，可进行非犯罪化的处理。例如，"对某企
业主管人员积极挽回群众经济损失后，侦查机关不采取强制措施的，自然该企业
的其他直接责任人员也同样不需要采取强制措施。"❷同时，侦查机关对涉嫌金融
犯罪的公司与直接负责的主管人员进行侦查时，要分别采取不同的侦查措施，在
对公司的财产与直接负责的主管人员的财产进行查封、扣押、冻结时，更应区别
对待。

---

❶ 第4条规定：集资诈骗罪中的非法占有目的，应当区分情形进行具体认定。行为人部分非法集资行为
　具有非法占有目的的，对该部分非法集资行为所涉集资款以集资诈骗罪定罪处罚；非法集资共同犯罪
　中部分行为人具有非法占有目的，其他行为人没有非法占有集资款的共同故意和行为的，对具有非法
　占有目的的行为人以集资诈骗罪定罪处罚。

❷ 印仕柏，李春阳. 涉众型经济犯罪之刑事政策及其适用 [J] .法学评论，2010 (5).

第三章　金融犯罪侦查中的"刑民交叉"问题

金融犯罪侦查中的"定性难"，是指侦查机关在接受案件时乃至进行了某些侦查活动之后，仍然不能确定争议行为是普通的民事纠纷还是刑事犯罪、抑或是哪一种刑事犯罪的情形，即我们常说的罪与非罪、此罪与彼罪的问题。例如，某一贷款未偿行为可能涉及贷款纠纷、骗取贷款罪和贷款诈骗罪的定性争议。金融犯罪侦查活动中"定性难"的问题，通常源于主观要件的证明难度。

"定性难"，可以说是由金融犯罪的天然属性决定的。如我们前述的一种分类方法，金融犯罪可以分为"破坏金融交易秩序罪"与"破坏金融管理秩序罪"两类，正常的交易秩序主体之间主要是由民事、商业规则所制约的民事关系，而"破坏金融交易秩序罪"，简单说就是指某些较高程度上违反了上述正常金融商业交易规则而形成的犯罪。经济业务自然会出现各种情况，不是所有交易中的交易主体都能达到预期的目的，不能履行合同的情形多种多样，但其原因是普通的民事履行不能、还是违反民事合同约定、抑或出于主观恶意的诈骗，就需要具体区分。虽然这种金融民事行为与犯罪之间的界限在法律规定上以"非法占有目的""转贷牟利目的"和"明知"等标准划分比较清晰，但落实到侦查和取证工作，其证明程度却难以做到泾渭分明。很多情况下，侦查活动都围绕着主观故意的证明徘徊在民事行为与刑事犯罪之间，这里的"刑民交叉"争议，是金融犯罪侦查中"定性难"问题的主要反映。

与定性争议相关的，还有"行刑交叉"问题。金融犯罪破坏了金融管理秩序，自然也违法了相关的行政法规，行政违法和刑事犯罪的界限相对明确，但实践中常有"以罚代刑"等刑事犯罪行政化的做法，所以会产生"行刑交叉"的定性争议问题。❶这一类型不作为本部分的讨论重点。

---

❶ "行刑交叉"并不是一个固定用语，本书用以与"刑民交叉"对应，指行政违法与刑事犯罪的分界问题；后文中使用"行刑衔接"，其重点是侦查活动中因行政机关和司法机关的共同参与而形成的某些问题。

第一节　金融犯罪"刑民交叉"概述

金融犯罪的主观方面都以故意为要件，这些犯罪故意的证明，有的以犯罪客观方面自明，有的则需要单独证明，如洗钱罪中"明知"黑钱性质的证明等；即使针对某些主观故意包含于犯罪行为之中的金融诈骗罪，出于实践中犯罪行为混淆性的考虑，刑法也单独规定了证明其主观故意的必要性，如集资诈骗罪、贷款诈骗罪和持卡人恶意透支情况下的信用卡诈骗罪中"以非法占有为目的"的证明。涉嫌这些罪名的行为往往在客观方面的行为类似，确定罪与非罪的标准就是判断其主观上是否有犯罪故意，而实践中这种"主观目的"的证明难度较高，于是导致了金融犯罪中大量的"刑民交叉"问题。这不仅是取证活动证明的难点，也关系到案件管辖、立案前审查的特殊性和侦查措施的采取等多方面问题。

一、"刑民交叉"的概念

"刑民交叉"，又称为"民刑交叉"，并不是一个正式的法律概念，不同人士对这个词的使用范围、内容不相同，包括刑事附带民事诉讼、同一法律事实形成的"刑民交叉"、关联行为的"刑民交叉"等。本书界定的"刑民交叉"在争议对象方面采用狭义的概念，指复杂的单一"刑民交叉"，即同一行为侵犯的到底是刑事法律关系还是民事法律关系的问题；在相关问题的讨论上，有的学者偏重于在程序上界定"刑民交叉"，认为其专指某行为同时涉及民事诉讼和刑事诉讼而引起的"诉讼竞合"❶，有的学者则认为其涵盖了实体法的争议，将之界定为犯罪和民商事纠纷的辨别与判断。❷本书讨论"刑民交叉"，从侦查活动中遇到的实际问题出发，既包括实体法争议，如搜集哪些证据证明犯罪嫌疑人的主观状态；又包括侦查中与其他机关的管辖纠纷处理机制。特别是对于一些复杂案件，案件的性质难以准确认定，常出现一方当事人以民事纠纷诉诸法院，而另一方却以涉嫌经济犯罪向公安机关报案；或者某一方当事人以民事纠纷向法院起诉未果后又向公安机关以涉嫌犯罪报案；抑或法院在审理民事纠纷案件中，发现其涉嫌经济犯罪，将之移送给公安机关；还有的法院民事判决生效后，当事人向公安机

---

❶ 戴蓬. 论经济犯罪案件中的"刑民交叉"问题［J］. 吉林公安高等专科学校学报，2010（2）.

❷ 何帆. 刑民交叉案件审理的基本思路［M］. 北京：中国法制出版社，2007.

关报案称遭受诉讼诈骗，等等。❶

二、金融犯罪的"刑民交叉"

导致"刑民交叉"的原因，大多源自主观要件中犯罪故意的证明。金融犯罪以犯罪故意为主观要件，其中有的主观要件证明难度较高，所以"刑民交叉"是金融犯罪定性中经常遇到的现象。

金融犯罪中的"刑民交叉"主要反应为"罪与非罪"的问题，即刑事犯罪与民事纠纷的界定问题。例如，行为人没有按规定归还信用卡，是民事上违反信用卡使用合约还是信用卡诈骗；与众多个人有借贷关系但却未能还本付息，是民间借贷还是集资诈骗；为上游犯罪者提供账户，可能涉嫌洗钱行为，但如何证明行为人"明知"是黑钱；这类案件在客观方面的行为有混淆性，"非法占有的目的""明知"的主观要件又难以证明，造成了金融犯罪"刑民交叉"的"定性难"。

与此相关，还有"此罪与彼罪"的问题。金融犯罪中的这个问题与其他犯罪中此罪与彼罪的争议不同，其他犯罪中的类似争议通常与犯罪竞合或法条的适用有关，而金融犯罪中的这个问题是与"罪与非罪""刑民交叉"的根本原因一脉相承的。例如，贷款合同纠纷、骗取贷款罪和贷款诈骗罪的界定，借贷纠纷、非法吸收公众存款罪、贷款诈骗罪的界定，不仅"罪与非罪"涉及非法占有目的的问题，"此罪和彼罪"的界限也与主观故意的证明有关。本书中讨论的重点是"刑民交叉"中罪与非罪的问题，兼论此罪与彼罪的问题。

针对本书体系需要说明的是，大家使用"刑民交叉"一词，多指民事纠纷和刑事案件之间的争议，多用于诈骗犯罪的领域，与"罪与非罪"的界定不完全相同，后者的范围稍大。如"明知是伪造货币"而使用为例，若不明知就不是犯罪，是"罪与非罪"的问题，不存在民事纠纷，也不涉及民事纠纷与刑事案件的争议，严格说来不适用于顾名思义的"刑民交叉"。本书对"刑民交叉"的界定，结合了侦查实践部门的用词习惯，用于稍大的范围，包括了"非法占有""转贷牟利"和"明知"等主观故意的证明不能引起的罪与非罪的争议。

三、金融犯罪"刑民交叉"的类型

主观故意的证明难往往是产生"刑民交叉"争议的原因，以主观故意的类型

---

❶ 戴蓬. 论经济犯罪案件中的"刑民交叉"问题［J］. 吉林公安高等专科学校学报，2010（2）.

为标准进行分类，金融犯罪中的"刑民交叉"主要有以下几种情况，也对应了侦查活动中的取证重点。

1.因"非法占有之目的"等目的犯的证明造成的"刑民交叉"

除了破坏金融管理秩序罪中"高利转贷罪"中有"以高利转贷"为目的的明确规定，这类现象典型存在于金融诈骗罪中八种罪名的证明中。❶金融诈骗罪都以非法占有为目的，而且是以结果作为目的的目的犯，其占有目的不属于主观的超过要素。❷理论上说来，这种主观要素不需要额外的证据证明，只要证明了客观行为与主观故意的存在，就可以认定非法占有目的的存在。例如，贷款诈骗罪，只要证明行为人实施了刑法列举的"编造理由""使用虚假合同"或"重复担保"等原因行为，就自然证明了"非法占有目的"的结果行为。但在实践中，客观行为的相关证据却往往难以完全证明行为人主观上是否有故意，所以在我国的立法形式上，进行了法定目的犯和非法定目的犯两种分类。

一是法定目的犯。即《刑法》明文规定行为人主观上必须具有"非法占有之目的"，包括集资诈骗罪、贷款诈骗罪及持卡人恶意透支情况下的信用卡诈骗罪三个罪名，《刑法》强调，这三类罪名的证明必须能够证明其主观故意。主观要素证据的取证难度是不言而喻的，所以这一类是最容易出现"刑民交叉"问题的罪名。

二是非法定目的犯。除了以上三个罪名，其他的金融诈骗罪，如"保险诈骗罪""信用证诈骗罪"等，都没有明文规定须有"非法占有之目的"，我们称之为"非法定目的犯"。这一类罪名，虽然没有明文规定，但行为人主观上也需有非法占有之目的，实践中大多采用了"以结果作为目的"的证明形式。❸因为不需要额外证明，这类罪名在侦查中造成的"刑民交叉"问题不大。

"非法占有目的"的证明除了反映在"罪与非罪"的"刑民交叉"上，还反映在"此罪与彼罪"的区分方面，这种情况目前主要存在于金融诈骗罪的证明中。金融诈骗罪主观要件的证明，除非得到犯罪嫌疑人"承认其诈骗目的"的口供作为直接证据，否则需通过客观犯罪行为的证明推定其非法占有目的的存在。

---

❶ 高利转贷罪"也需要"以转贷牟利为目的"，涉及主观要素的证明。虽然与"非法占有目的"有别，但其证明机制上与金融诈骗罪中法定目的犯的证明有相似之处。本书不进行单独论述。

❷ 关于金融诈骗是否要求以非法占有为目的，刑法学界尚有争论，本书采用广义的非法占有目的的界定，认为金融诈骗罪都以非法占有为目的。参见：付立庆.论金融诈骗罪中的非法占有的目的［J］.法学杂志，2008（4）。

❸ 有学者认为，这是我国刑事立法中为"降低"实践中的证明标准而采用的不特别规定的方式。

但这种属于可反驳的推定，如果有证据证明行为人的行为尽管是故意欺骗但并非出于非法占有之目的，那就不能够认定该主观要件，由此否定了金融诈骗罪。但是，这些行为的客观方面仍是违法，且主观上也是故意，达到某些严重程度时则应该认定为犯罪，应有其他罪名进行规范。

这种罪名中最为典型的就是骗取贷款罪。骗取贷款罪是2006年《刑法修正案（六）》中新设的罪名，指以欺骗手段取得银行或者其他金融机构贷款、票据承兑、信用证、保函等，给银行或者其他金融机构造成重大损失或者有其他严重情节的行为。可见，该罪名在客观方面与贷款诈骗罪比较类似，但其主观方面只需要证明被告人具有骗取银行贷款的犯罪故意，而不是贷款诈骗罪中的非法占有，证明难度稍低。这个罪名的产生，就是因为实践中出现了一些欺骗金融机构但并非以非法占有为目的的行为，并不适宜以"贷款诈骗罪"论处。与之类似的，还有集资诈骗罪与非法吸收公众存款罪，这两个罪名在客观方面的表现比较相似，都是破坏了金融机构吸收公众存款的特许经营秩序，主要的区别仍是证明嫌疑人是否以非法占有为目的。可见，对于这类"此罪与彼罪"的定性问题，其取证思路和取证内容与相应"刑民交叉"案件是比较相近的。

2. 因"明知"的证明造成的"刑民交叉"

金融犯罪中以行为人主观上"明知"为要件的罪名，主要有5类："明知"是伪造的货币而运输的"运输假币罪"，"明知"是伪造的货币而持有使用的"持有、使用假币罪"，"明知"是伪造的信用卡而持有、运输的"妨害信用卡管理罪"，"明知"是黑钱性质的"洗钱罪"，"明知"是伪造、变造或作废的票据而使用的"票据诈骗罪"。金融犯罪中的这几个"明知"都属于"对象违法的明知"。与"非法占有"故意的证明一样，"明知"这种行为人的主观认识状态的证明难度也很大，主要是依据行为人的常识等主观性较强的证据加以推理证明，也常常引起"刑民交叉"的问题，我国金融犯罪中很多被认定为"非法经营"等罪名的现象与此有关，典型的如地下钱庄的洗钱行为通常被认定为非法经营罪。

3. 与主观故意证明没有直接关系的其他定性问题

实际上，所有的金融犯罪都会涉及罪与非罪的争议，如在金融犯罪中，行为人是否真的利用"内幕信息"进行交易而获利，银行工作人员没有按照正常程序承兑票据是否属于"违法承兑票据"的性质，等等，都存在罪与非罪的界定问题，但这些争议大多可以以客观证据进行界定，在行为人的主观状态上没有争议，不是本文从"主观故意之证明"的侦查角度研究的"刑民交叉"重点。

第二节　金融犯罪"刑民交叉"的原因
——以侦查取证为视角

金融犯罪主观故意的证明特点和金融交易行为的运行环境，决定了金融犯罪的"刑民交叉"具有必然性，但有关金融犯罪的刑事立法和司法状况，也会对其产生影响。本部分着重从侦查和取证活动的角度，依据实践分析下列各种因素对"刑民交叉"现象的影响。

一、主观故意证据的取证难度

金融犯罪"刑民交叉"的直接原因多是"非法占有""明知"等主观故意的证明不能。从取证的角度讲，主观故意的证明通常有两种方法：一是直接证明，即得到犯罪嫌疑人承认其主观故意的口供；二是间接证明，即利用"诈骗行为"等客观方面的证据形成证据链条从而间接认定。

第一种，直接证明的方法，在大多金融犯罪的案件中难以实现。金融犯罪具有复杂性、专业性等特点，预谋时间、作案过程比较长，嫌疑人的反侦查能力也比较强，再加诸犯罪人对其行为的愧疚感较低，所以很少有主动承认其犯罪意图的案例，通常需要侦查人员做好充分的讯问准备，在熟知案情、有效使用证据等因素的高度配合下才能略有成效。

第二种，间接证明的方法，是证明主观故意的主要手段。间接证明的路径大多是依据相关司法解释的规定，如有的司法解释中规定，嫌疑人利用了"虚假身份"可以证明其具有"非法占有故意"，于是侦查人员就会搜集其身份证明的相关证据；如规定"低价购买"可以作为"明知"其非法来源的证据，侦查人员就搜集证明其购买价格的证据，等等。这种方法在侦查实践中起到了相当大的作用，使相对抽象的"非法占有"等故意的证明有章可循，但相对形态各异的犯罪行为，司法解释的内容是有限的，远远不能应对层出不穷的欺诈方法，而且随着各种金融行为的出现，"按图索骥"式的取证方式也越来越难以应对纷繁复杂的案件，还是会出现一些较难证明的情况，如"挥霍的标准""生产经营资金所占的比例"，等等。

鉴于这些证据的取证难度，当一些案件既没有口供作为直接证据，也没有证

明"诈骗"等行为的间接证据时，就陷入了"刑民交叉"的争议范围。

二、金融犯罪方法的复杂性

近年来，关于金融犯罪的刑法修正案和司法解释时有变化，这一方面要求侦查人员对这些规定有较深的理解，另一方面也恰好说明金融犯罪的动态性比较强、犯罪方法日新月异，如"虚构交易"的洗钱方法、"商品回购、寄存代售"的集资方法等。当某些疑难案件出现时，侦查人员可能受业务水平所限，出现案情认识上的错误，导致"刑民交叉"。

三、刑事手段解决民事问题

实践中，除了第一种想分辨而不能的"刑民交叉"，还有因为各种利益关系而存在一种能分辨而不想的"刑民交叉"，主要分为以下两种情况。

第一，报案人人为的"刑民交叉"。经济案件侦查活动中存在这样一种现象：民事纠纷中的一方经济利益受损，于是向法院起诉要求对方履行民事合同或进行其他经济补偿，当法院没有支持其请求或在执行环节未能实现其利益时，该当事人就以涉嫌诈骗等理由向公安机关报案。

这些案件中，作为"受害者"的报案人并不关注案件的性质，其直接目的不是要把嫌疑人绳之以法，而是要通过更为严厉的刑事手段威吓和教促相对方给予经济补偿。目前在我国民事和个人信用等制度比较缺失的情况下，实践中有很多民事诉讼中的败诉方通过转移资产的方式逃避债务，这时，普通的民事强制执行手段并不能保证债权人的利益，但这些躲债人却害怕刑事手段，一旦刑事强制措施介入，其本人和家属通常会尽全力赔偿对方损失。久而久之，很多人都把这种"刑事介入"作为挽回损失的有效手段，只要觉得对方还有钱可还，就不论争议事实的性质进行刑事报案，出现了侦查中特殊的所谓"原告比被告坏"的情况。这种现象在涉嫌合同诈骗的案件中常见，在涉嫌集资诈骗等金融诈骗中也时有发生，大多情况下，报案人在报案时还会夸大或者虚构"诈骗"的情节，导致侦查机关对案件的"定性难"以把握。

第二，侦查部门人为的"刑民交叉"。利用刑事手段解决民事问题，不仅存在于报案人中，有的侦查机关和侦查人员出于经济利益等因素的考虑，有时也会插手民事纠纷。早在1989年，公安部就下发了《关于公安机关不得非法越权干预经济纠纷案件处理的通知》，指出一些"公安机关以查处诈骗等经济犯罪案件为名，直接插手干预一些经济纠纷案件的处理，有的甚至强行收审、扣押一方当事人做人质，替另一方逼索款物；有的还按比例从争议金额中提成取利"。时至今日，这种现象仍不鲜见。

四、其他干扰因素

金融犯罪中有非法吸存、集资诈骗、操纵证券价格等涉众案件，还有涉及金融机构内部人员等影响比较大的内幕交易、票据诈骗等案件，也常有各类"批示""移送"案件，所以金融犯罪侦查中有时会受到某些干扰，甚至影响案件的定性。

还存在一类比较特殊的状况，以近年来高发的诱骗投资者买卖各类金融期货、私募基金等金融产品而导致其损失的案件为例。这类案件中，被告人大多辩称是民事纠纷，至多是经营内容未经批准而构成"非法经营罪"，但实际上，很多犯罪人在诱骗过程中有欺诈行为，或在交易软件中进行了欺诈设计，也正是这些欺骗行为导致投资者不可能长久获益，可见，犯罪人是以非法占有他人财产为目的的，所以其行为本质涉嫌合同（集资）诈骗，但这类案件侦查终结移送的罪名大多是"非法经营罪"，究其原因，既是因为其非法占有主观故意的证明难度，也是因为诈骗案件会较多涉及被害人损失的返还障碍，面对众多"明知是非法交易而参与"的"特殊受害人"，损失返还会涉及诸多问题，所以侦查机关最终以不需要主观故意和损失返还的"非法经营罪"结案。

第三节　金融犯罪"刑民交叉"对侦查活动的影响

笔者在某公安机关调研时得知，经济犯罪侦查部门的侦查人员需要对其负责的有刑民争议的案件定期填写"刑民交叉"案件统计表（下文简称"统计表"，如表3-1所示），内容是统计所有被认定为民事经济纠纷的案件。类别有三种：一是经立案审查，属于民事、经济纠纷的案件，即不需要立案的案件；二是经侦查，属于民事、经济纠纷的案件，即不需要移送至公诉机关的案件；三是被检察院和法院法最终认定为民事、经济纠纷的案件。项目主要是填写案件的受案时间、是否立案、立案时间、不予立案时间等，这张表格恰好能说明"刑民交叉"对侦查活动的影响。

表3-1　"刑民交叉"案件情况统计表

单位：

编号	案件名称	受理时间	立案时间	不予立案时间	撤销案件时间	案件性质	涉及类别	是否引发国家赔偿	是否依法信访	其他

填表人：　　　　　　　　　　　　　　　　　　　　审核人：

注："涉及类别"栏包括三类：①经立案审查，属于民事、经济纠纷的案件；②经侦查，属于民事、经济纠纷；③被检察院和法院最终认定为民事、经济纠纷的案件。

一、慎重确定管辖权

金融犯罪侦查活动中，其他部门的移送和受害人报案是非常重要的两类案件来源，鉴于金融犯罪中大量的"刑民交叉"现象，侦查人员在受案后首先要对案件定性，如果认为是民事纠纷，应不予立案，避免插手经济民事纠纷；如果属于刑事犯罪，则立案侦查。另外，初步判断属于哪种犯罪，也关系到公安机关的内部分工问题。

从统计表中要填写的三个类别可以看出，侦查人员在各个阶段被要求重视案件的定性问题，尤其是受案阶段。反应在表格中，实践中很多侦查人员的相关数字是全部集中在类别①中的；或者有的案件需要经侦查认定，类别②也会出现；但类别③出现的情况就比较罕见，尤其是如果该案件在受案初期就存在与法院、检察院的认定分歧，那么无罪判决通常被认为是某种程度的"侦查失败"。

因而，侦查人员要尽早对争议行为的性质有比较准确的把握，慎重确定管辖权。就金融犯罪的实际情况来看，案情通常比较复杂，证据体系也较为庞杂，其中，侦查人员要特别注意搜集证明嫌疑人主观故意的证据，尽早对嫌疑人主观故意的状态有所认定。考虑到金融犯罪的连续性和重复性，没必要在侦查初期就查清全部的犯罪事实，只要能够"抓住一条线索"，就可以"查清部分事实"，从而"立起一桩案子"，这样既能够解决立案管辖的争议，又可以争取侦查的主动，在正式立案之后尽早进行其他的侦查活动。

二、解决立案中的管辖争议

从表3-1中也可以看出，不同阶段、不同主体可能对同一法律事实有不同的理解，有的案件可能这个部门认为是刑事案件，那个部门认为是民事案件，立案阶段法院和公安机关的定性分歧是其"刑民交叉"的典型表现，这种分歧会形成两主体争相管辖的积极冲突和均不受理的消极冲突。[1]出现不同理解的现象不可避免，重要的是采用何种纠纷解决机制，即"先刑后民"还是"先民后刑"的问题。关于这一点，笔者同意多数论者主张的"刑事优先的限制适用"原则，其理由主要是"绝对的刑事优先"存在明显弊端。

第一，某些刑事案件的处理，在民事、经济关系尚不清楚的情况下，也难以认定其是否构成犯罪，如认定某些保险诈骗犯罪时应当以保险合同公平没有欺诈作为前提条件。

第二，如前所述，实践中存在着恶意启动刑事程序的现象。某些公安机关在当事人的要求或在利益的驱使下恶意立案，明明案件不构成犯罪，却利用"先刑后民"原则将正在审理中的民事或经济纠纷案件中止，先把人抓了再说。这时，如果笼统适用"先刑后民"原则，则会被司法机关或当事人恶意利用为干涉经济纠纷的借口，这种案件在实践中尤为危险，即使侦查时认为属于民事纠纷，侦查人员也有可能"将错就错"，为了证明其成立刑事犯罪而有选择性地搜集片面的有罪证据。

第三，"先刑后民"体现了公权优先的价值观念，与现代法治理念不符。当事人应当享有程序上的选择权，这是私权，强行采用"先刑后民"是对当事人程序选择权的一种剥夺，体现的是"公权优先"的传统理念，与现代法治理念不符。

第四，过分强调"先刑后民"的刚性，当出现因某些常见情形（如犯罪嫌疑人潜逃、长期无法归案）导致的刑事追究不能启动时，私权也无法寻求及时救

---

[1] 赵嵬. 刑民交叉案件的审理原则——相关司法解释辨析［J］.法律适用，2000（11）.

济。❶

基于"先刑后民限制适用"的原则，并参照《非法集资案件审理意见》中第7条的规定，❷公安机关解决争议的具体做法是：公安机关发现经济犯罪嫌疑，但法院已受理或作出生效判决的，应函告该法院；如果法院决定将案件移送公安机关，撤销原判决、裁定，或者裁定中止审理的，公安机关应当立案；法院不同意移交的，公安机关应该将相关争议交由检察院解决。

三、重视立案前的审查

刑事立案需要具备"有犯罪事实、需要追究刑事责任、有管辖权"三个要件，对于复杂的集资诈骗等金融犯罪，"是否有犯罪事实"这个要件并非一目了然，所以受案之后通常要对案件进行立案前的审查。案情越复杂越有争议，立案前审查的工作量和时间就会越多，只有找到足够证据证明犯罪事实时，才能把争议事项作为金融犯罪立案，这就体现出金融犯罪立案前审查的重要性。虽然我国立法上逐渐弱化了"立案"作为一个诉讼阶段的标志性地位，破案率也不再是评价侦查人员办案水平的主要指标，但面对金融犯罪的复杂性，立案前审查仍有其重要的地位，也是大多金融犯罪侦查中必经甚至是时间较长的一个阶段。

可以想象，如果某个侦查人员填写的统计表中"立案后认定是民事纠纷的数量"（即类别②）总是远高于"立案前审查时的立案数"（即类别①），可能说明立案审查不够严格，立案比较草率，不会是一个好的工作评价指标；或者某探组常有一些"被检察院或者法院认定为民事纠纷的案件"（即类别③），也表示该探组对案件的审查定性存在问题，工作能力和素质有待提高。

---

❶ 戴蓬. 论经济犯罪案件中的"刑民交叉"问题［J］. 吉林公安高等专科学校学报，2010（2）.
❷ 2014年《非法集资案件审理意见》第7条："对于公安机关、人民检察院、人民法院正在侦查、起诉、审理的非法集资刑事案件，有关单位或者个人就同一事实向人民法院提起民事诉讼或者申请执行涉案财物的，人民法院应当不予受理，并将有关材料移送公安机关或者检察机关。
人民法院在审理民事案件或者执行过程中，发现有非法集资犯罪嫌疑的，应当裁定驳回起诉或者中止执行，并及时将有关材料移送公安机关或者检察机关。
公安机关、人民检察院、人民法院在侦查、起诉、审理非法集资刑事案件中，发现与人民法院正在审理的民事案件属同一事实，或者被申请执行的财物属于涉案财物的，应当及时通报相关人民法院。人民法院经审查认为确属涉嫌犯罪的，依照前款规定处理。"

四、谨慎采取侦查措施

从统计表中填写的类别可以看出，金融犯罪中，尤其是"刑民交叉"高发的一些案件，可能会在立案后的审查起诉和审判环节被认定为民事纠纷。其中除了关系到侦查人员的认识水平、侦查能力等个人评定问题，更有可能涉及侦查阶段强制措施的相关争议。有"刑民交叉"争议的金融犯罪大多涉及财产问题，如银行存款、金融账户等资产。侦查活动中也多有对这些财物采取的有强制性的侦查措施，如冻结账户、财物查封和提前返还受害人等。一旦这个案件被认定为民事纠纷，因这些强制措施引起的被告人财物损失就可能引起争议，甚至导致行政诉讼，所以侦查部门对这类案件适用侦查措施通常比较慎重。

第四节　金融犯罪侦查中主观要件的证明

金融犯罪侦查中的"刑民交叉"，多源于主观要件的证明，"以非法占有为目的"和"明知"的证明是案件定性取证中的两大难点。鉴于主观要件法律规定的抽象性，侦查工作多依照相关司法解释中列举的情形进行证据搜集，实践中，这种缺乏对立法原意理解基础上的"照葫芦画瓢"式的刻板套用，也容易导致某些金融犯罪的定性偏差。

一、"非法占有目的"主观故意的证明

1. 立法规定

关于金融诈骗犯罪主观故意的证明，我国的刑事立法对多数罪名采取了某种"降低"证明标准的做法❶：只是在客观方面描述了"诈骗行为"的要素，但没有明确规定"非法占有故意"的证明，如只要使用了"伪造、变造"的票据就可以认定票据诈骗中的非法占有目的，只要投保人有"故意虚构"保险标的的行为就可以认定其诈骗故意，等等❷。

---

❶ 从笔者调研中了解的情况看，很多经侦人员认为：刑法对的"合同诈骗罪"和"部分金融诈骗罪"明确规定了以"非法占有目的"，是一种证明标准的"提高"，从而需要特别证明。这种误解不利于激发侦查工作的积极性。

❷ 即使如此，很多类似案件中要证明某些行为确属"以违法占有为目的"仍是取证的难点，如投保人可能在投保时有轻微的信息隐瞒的情形，存在欺诈，但不一定有非法占有之目的。

《刑法》只对集资诈骗、贷款诈骗和信用卡诈骗三种犯罪明文规定需"以非法占有为目的",其原因在于这三类犯罪的犯罪行为在实践中比较具有欺骗性,从犯罪方法的角度来看,其他票据诈骗、保险诈骗等是以单向取得款项为交易方式,而这三类犯罪是以未来的归还作为取得款项的前提,所以容易与民事欺诈和其他犯罪行为混淆;如为了取得贷款用于生产而夸大抵押资产价值的行为与贷款诈骗的区别,民间借贷、非法吸收公众存款与集资诈骗的区别,忘记归还信用卡与信用卡诈骗的区别等,很多不符合民事规范和其他规定的行为未必具有非法占有的目的,如果只依据《刑法》条文中对犯罪行为的简单描述,确实难以认定行为人是否具有"非法占有的故意",因此刑事立法对其特别规定,要求这三类犯罪的成立需特别加强主观要件的证明。所以,虽然所有的金融诈骗都涉及"刑民交叉"的问题,但金融诈骗中"刑民交叉"的难点主要集中于这三类案件,也是本书讨论的重点。

2. 司法解释

前述提及,主观故意的证明通常要依靠客观方面的证据予以间接证明,但是,到底哪些证据可以证明嫌疑人有非法占有的故意,仍有较大的随意性,为了使侦查、起诉和审判活动能正确、一致并连贯地使用这些间接证据,最高人民法院等机构发布了一些司法解释,总结了实践中经常出现的一些情形,逐渐形成了一套具有可操作性且内容比较统一的证明依据。主要包括"三解释"和"一纪要":1996年最高人民法院通过的《关于审理诈骗案件具体应用法律的若干问题的解释》(以下简称《诈骗案件解释》)、2009年《关于办理妨害信用卡管理刑事案件具体应用法律若干问题的解释》(以下简称《信用卡诈骗案件解释》)、2010年《非法集资案件审理解释》、2000年《全国法院审理金融犯罪案件工作座谈会纪要》(以下简称《纪要》),其中关于金融犯罪中"非法占有"的规定如表3-2所示。

表3-2　金融犯罪中"非法占有故意"的司法解释比较

法规名称	《关于审理诈骗案件具体适用法律的若干问题的解释》		《全国法院审理金融犯罪案件工作座谈会纪要》	《关于办理妨害信用卡管理刑事案件具体应用法律若干问题的解释》	《审理非法集资刑事案件具体应用法律若干问题的解释》
发布机构	最高人民法院		最高人民法院	最高人民法院等	最高人民法院
发布时间	1996 年		2000 年	2009 年	2011 年
对象	合同诈骗	集资诈骗	金融诈骗	信用卡诈骗	非法集资
内容："非法占有为目的"的认定	具有下列情形之一的,应认定其行为属于以"非法占有为目的",利用经济合同进行诈骗:(一)明知没有履行合同的能力或者有效的担保,采取下列欺骗手段与他人签订合同,骗取财物数额较大并造成较大损失的:(1)虚构主体;(2)冒用他人名义;(3)使用伪造、变造或者无效的单据、介绍信、印章或者其他证明文件的;	具有下列情形之一的,就应当认定其行为属于以"非法占有为目的",使用诈骗方法非法集资:(1)携带集资款逃跑的;(2)挥霍集资款,致使集资款无法返还的;(3)使用集资款进行违法犯罪活动的,致使集资款无法返还的;(4)具有其他欺诈行为,拒不返还集资款,或者致使集资款无法返还的;	认定金融诈骗罪具有"非法占有目的"的以下几种情形:(1)明知没有归还能力而大量骗取资金的;(2)非法获取资金后逃跑的;(3)肆意挥霍骗取资金的;(4)使用骗取的资金进行违法犯罪活动的;(5)抽逃、转移资金、隐匿财产,以逃避返还资金的;(6)隐匿、销毁账目,或者搞假破产、假倒闭,以逃避返还资金的;(7)其他非法占有资金、拒不返还的行为	有以下情形之一的,认定"以非法占有为目的":(一)明知没有还款能力而大量透支,无法归还的;(二)肆意挥霍透支的资金,无法归还的;(三)透支后逃匿、改变联系方式,逃避银行催收的;(四)抽逃、转移资金,隐匿财产,逃避还款的;(五)使用透支的资金进行违法犯罪活动的;(六)其他非法占有资金,拒不归还的行为	使用诈骗方法非法集资,具有下列情形之一的,可以认定为"以非法占有为目的":(一)集资后不用于生产经营活动或者用于生产经营活动与筹集资金规模明显不成比例,致使集资款不能返还的;(二)肆意挥霍集资款,致使集资款不能返还的;(三)携带集资款逃匿的;(四)将集资款用于违法犯罪活动的;(五)抽逃、转移资金、隐匿财产,逃避返还资金的;

续表

法规 名称	《关于审理诈骗案件具体适用法律的若干问题的解释》		《全国法院审理金融犯罪案件工作座谈会纪要》	《关于办理妨害信用卡管理刑事案件具体应用法律若干问题的解释》	《审理非法集资刑事案件具体应用法律若干问题的解释》
发布 机构	最高人民法院		最高人民法院	最高人民法院等	最高人民法院
发布 时间	1996 年		2000 年	2009 年	2011 年
对象	合同诈骗	集资诈骗	金融诈骗	信用卡诈骗	非法集资
内容: "非法占有为目的"的认定	(4)隐瞒真相,使用明知不能兑现的票据或者其他结算凭证作为合同履行担保的; (5)隐瞒真相,使用明知不符合担保条件的抵押物、债权文书等作为合同履行担保的; (6)使用其他欺骗手段使对方交付款、物的……❶				(六)隐匿、销毁账目,或者搞假破产、假倒闭,逃避返还资金的; (七)拒不交代资金去向,逃避返还资金的; (八)其他可以认定非法占有目的的情形

　　1996 年的《诈骗案件解释》是最早列举"非法占有目的"具体情形的,适用于合同诈骗罪和集资诈骗;2000 年的《纪要》专门针对金融犯罪列举了可以

---

❶ 其余内容为:(二)合同签订后携带对方当事人交付的货物、货款、预付款或者定金、保证金等担保合同履行的财产逃跑的;(三)挥霍对方当事人交付的货物、货款、预付款或者定金、保证金等担保合同履行的财产,致使上述款物无法返还的;(四)使用对方当事人交付的货物、货款、预付款或者定金、保证金等担保合同履行的财产进行违法犯罪活动,致使上述款物无法返还的;(五)隐匿合同货物、货款、预付款或者定金、保证金等担保合同履行的财产,拒不返还的;(六)合同签订后,以支付部分货款、开始履行合同为诱饵,骗取全部货物后,在合同规定的期限内或者双方另行约定的付款期限内,无正当理由拒不支付其余货款的。

认定的几个具体情形，涵盖了《诈骗案件解释》的内容，且有很大进步；❶2009年的《信用卡诈骗案件解释》基本是对其内容的延续。

多年来，这些司法解释成为侦查活动的指导准则，主观故意的取证基本都是围绕嫌疑人是否有"肆意挥霍""转移资金"等列举情形进行的，这些操作性较强的司法解释为侦查活动提供了很好的路径，但其中也存在一些问题。例如，第一种情形，要证明嫌疑人"明知没有归还能力"，取证中需对行为人是否存在"明知"进行证明，但每人对商业运作盈利性的认识不同，往往难以确定"明知"，所以实践中常以"案发时有没有归还债务"作为判断依据，导致了客观归罪现象。很多情况下，行为人只是因为侥幸心理或者计划不周全而导致借款未还，但却因此被认定为合同诈骗罪、金融诈骗罪等罪名。

正是针对这种情况，2010年的《非法集资案件审理解释》对情形（一）进行了修正，将其改为"集资后不用于生产经营活动或者用于生产经营活动与筹集资金规模明显不成比例，致使集资款不能返还的"，把原情形（一）中"明知"的主观状态证明改为对集资款的使用方式等客观要件的证明，避免了以资金是否能够偿还作为认定"非法占有故意"的客观归罪危险。

除原《诈骗案件解释》关于非法集资的相关规定废除之外，目前关于金融诈骗犯罪"非法占有目的"的有法律效力的法律渊源主要有三个：《非法集资案件审理解释》适用于集资诈骗罪，《信用卡诈骗案件解释》适用于信用卡诈骗罪，《纪要》适用于其他金融诈骗案件；这种分散且不统一的规定会导致取证依据适用的混乱。笔者认为，《非法集资案件审理解释》中的相关规定比较符合现代法治精神和司法实践状况，虽然其内容是针对集资诈骗行为，但鉴于金融诈骗罪中"非法占有目的"证明的相似性，其他金融诈骗罪中"明知没有偿还能力"的规定也应参照《非法集资案件审理解释》的相关规定。

---

❶《诈骗案件解释》的进步性体现在以下几点：第二种情形，"非法获取资金后逃跑的"，通过对行为人获取资金后具有潜逃行为的判断，毫无疑义地就能得出其"无意再履行清偿义务"的结论。第三种情形，"肆意挥霍骗取资金的""肆意"两字，准确概括了挥霍与无法返还之间的因果关系，即如果行为人肆意挥霍骗取资金的，就可以认定行为人具有非法占有目的。第五、第六种情形列举了逃避归还资金的种种行为，"抽逃、转移资金、隐匿财产，以逃避返还资金的；隐匿、销毁账目，或者搞假破产、假倒闭，以逃避返还资金的"，很好地体现了"不愿归还"的立法原意。第七种情形的表述属兜底条款，"其他非法占有资金、拒不返还的行为"，对非法占有目的从本质上进行了概括。

3. 有关"非法占有目的"证明的取证问题

上述司法解释列举的情形，都是实践中有诈骗目的的犯罪人经常出现的行为，根据经验法则，司法解释把它们作为认定"非法占有故意"的依据，是一种推定的形式。❶所谓推定，就是由法律规定并由司法人员作出的具有推断性质的事实认定，在司法活动中运用推定方法认定案件事实或争议事实就表现为对"推定规则"的适用。❷上述司法解释就是把列举的情形作为推定"非法占有故意"的基础事实，侦查人员只要能够搜集到证明这些基础事实的证据，就可以以此推定犯罪嫌疑人的主观状态，标准统一，操作性强，但这种列举方法也导致了取证中的下列问题。

第一，通常只关注明确列举情形。因为这些罪名在实践中的犯罪方法各种各样，性质难辨，立法才对其主观要件进行特别规定，为便于操作，司法解释列举了一些常见的判断依据，但也需认识到，解释中的列举仍难以涵盖日新月异的犯罪行为，如"基金募集"的投资方式、期货交易的损益等复杂的资金流转，犯罪方法总是能突破各种列举的情形，所以上述司法解释都做了"其他情形"的兜底规定。但对侦查人员来说，他们通常只关注明确列举的情形，符合则定性，不符合则放人，较少进行"其他情形"的具体适用。

第二，就列举的情形而言，侦查活动中的认定也有较大的灵活性。例如，关于"集资后用于生产经营活动与筹集资金规模明显不成比例"，行业性质和集资资金用途的差异决定了所谓的"比例"在不同行业、不同阶段中没有可比性，需要侦查人员依经验和其他证据认定；"以致使集资款不能返还的"，"以致"二字代表的因果关系的证明也比较有难度。又如，贷款诈骗案件中的嫌疑人用所贷款项用于内幕交易行为，是否适用因为该"行为违法"而认定其非法占有故意，这些情形的复杂多变也导致了适用中一些比较随意的判断，不同侦查人员往往有不同的认定分歧。

第三，为了证明某个情形而牵强取证。推定，应该是由基础事实推定出法律

---

❶ 关于这类司法解释是否属于推定的性质，尚有争议。有的学者认为它们不属于推定的范畴，是一种"为便于司法操作而对定罪规格做出的规定（参见：龙宗智. 推定的界限及适用. 法学研究，2008（1））；有的学者采用广义的界定，认为可归为"目的推定"（参见：何家弘. 从自然推定到人造推定——关于推定范畴的反思. 法学研究，2008（4））。鉴于推定性质和范畴的复杂性，本书不做讨论，根据侦查活动中大家对该司法解释的一般认知，本书认定其属于推定的一种类型。

❷ 何家弘. 论推定规则适用中的证明责任和证明标准 [J]. 中外法学，2008（6）.

规定的相关状态，因此在判断行为人是否具有诈骗目的时，侦查人员必须坚持从客观到主观的证明顺序。但司法解释中各类基础事实的列举，提供了各种证明的路径，很容易诱导侦查人员形成"目的性"过于明显的取证状态，多表现为先认定其主观故意，然后再去寻找各种路径证明其可能性，这非常容易引致证明的偏颇。如吴英案中，控方以"肆意挥霍"为路径之一证明吴英的诈骗意图，并以其进行高档娱乐消费和购买名衣、名表、化妆品等花费上千万元为证据，上千万元固然是个不小的款项，但在9亿元集资款中的比例只占很少一部分，笔者认为，以此来界定"肆意挥霍"实属牵强。

4."非法占有目的"证明的取证思路

针对目前取证实务中列举式路径带来的弊端，再加上《非法集资案件审理解释》对推定要件进行修正的示范作用，有必要在金融诈骗案件的侦查中改变某些教条化的做法，确立科学的取证思路。下文主要论及取证思路的转变，不讨论具体的取证措施。

第一，应明确"非法占有之目的"推定的基本原则。诈骗罪的成立，要求行为人必须是在非法占有目的的支配下实施集资、贷款等行为，根据责任主义原则，只有行为人产生非法占有目的与"集资""贷款"等借款行为同时发生时，才能将借款行为与非法占有目的结合起来，构成金融诈骗罪；如果行为人是在后续的生产经营过程中产生非法占有目的，就必须将非法占有目的产生前所得到的款项排除于诈骗罪之外。正是基于这种考虑，《非法集资案件审理解释》第4条规定："行为人部分非法集资行为具有非法占有目的的，对该部分非法集资行为所涉集资款以集资诈骗罪定罪处罚。"

但是，这种区分实践中很难把握，需要通过对行为人如何使用、处置集资款项和贷款款项的阶段性考察，推定行为人借款时是否具有非法占有的目的。一般而言，行为人借款之后，没有将资金用于可回报投资者的项目，而是肆意挥霍、携款潜逃、逃避返还的，就可以推定行为人在借款时具有非法占有的目的；如果有证据证明行为人当时并无非法占有的目的，则推定不成立。❶

第二，采用"综合判断"而非"路径选择"的方法。虽然各司法解释都规定了"具有情形之一即可证明"的充分条件，但因为犯罪方法和经济形态各异，这些"比例""隐匿""肆意挥霍"的描述本身就有相对的灵活性，单一的情形证明

---

❶ 刘仁文，田坤. 非法集资犯罪适用法律疑难问题探析［J］. 江苏行政学院学报，2012（1）.

很难达到"确实充分"等较高的证明标准；而且这种推定属于可反驳的推定，侦查中如果只是选择某种情形就认为完成了取证工作，很可能在后续的诉讼活动被反驳而无以立足，导致侦查活动的被动。所以，无论是从认知案件事实的角度，还是完成取证工作的角度，都不能只根据司法解释的规定简单搜集证据，而是要全面考察犯罪嫌疑人的履约能力、履约行为和对财物的处置情况及事后的态度等进行综合判断。

第三，区分"使用欺骗方法"与"非法占有目的"之间的关系。侦查人员应该认识到，尽管犯罪嫌疑人以诈骗为目的的借款必然会使用欺骗方法，但有欺骗行为并不必然说明行为人具有"非法占有之目的"。例如，行为人认为自己实际投资的项目不会吸引投资者的目光，于是编造虚假的项目，承诺保本付息，欺骗公众投资，如果行为人确实将集资款用于可以回报投资者的经营活动中，即使最终因经营不善而导致集资款不能返还，也不能认定行为人具有非法占有的目的；可以适用"非法吸收公众存款""欺诈发行股票、债券""擅自发行股票、公司、企业债券罪"等罪名。鉴于经济形势的发展、市场竞争的激烈程度和大众参与金融业务的广泛性，各类借款欺骗行为越来越多，但有"欺骗行为"并不等于有"非法占有的目的"，要避免侦查中比较公式化地将两者等同的办案思路，需注意甄别两者的差异，这也是面对复杂的金融交易行为要适用"宽严相济"刑事政策的体现。

第四，区分"款项不能返还"与"非法占有目的"之间的关系。按照原司法解释的规定，取证中往往把"明知没有偿还能力"等同于"款项不能返还"，从而认定诈骗故意，这是一种不适当的客观归罪。因此，《非法集资案件审理解释》第4条在"致使集资款不能返还的"之前特别加上"集资后不用于生产经营活动或者用于生产经营活动与筹集资金规模明显不成比例"的限制。按照《非法集资案件审理解释》的宗旨，侦查人员需要转变取证思路，区分两者的关系，借款只要是用于正常经营活动，即使最终因经营不善等原因而导致款项不能返还，也不能认定犯罪嫌疑人具有非法占有之目的。在司法实践中，由于非法集资案件往往涉案金额大、涉案人员多、涉案地域广，一旦案发，很容易引发集体上访，侦查人员不宜因集资款不能返还一律认定行为人具有非法占有之目的，草率定性容易引致一系列的不良后果。

第五，搜集犯罪嫌疑人实施借款行为之前的证据。实践中，侦查人员通常比较注重搜集有关资金去向和偿债意愿的证据，这类证据在有明显"抽逃""隐

"匿"等行为的案件中比较有证明力。但鉴于经营行为的复杂性，类似通过嫌疑人对资金的使用、处置而进行的推定，可能会因为犯罪嫌疑人的抗辩而无效，因此，侦查人员也应该注意搜集借款行为之前及借款过程中的证据，如在集资诈骗案件中重点搜集证明以下情形的证据：没有实际投资或者实体经营项目和计划而进行集资的，在资金链已经断裂的情况下仍然吸收公众资金的；在贷款诈骗案件中要证明抵押物品的有效性，调查贷款时的资产负债表和损益表，分析净资产贷款率等证明其借款目的。

二、"明知"主观故意的证明

与"非法占有故意"的证明一样，犯罪嫌疑人对某种对象或行为是否"明知"的认知状态，也是证明中的难点，在以"明知"为前提的洗钱罪等案件的侦查中，同样难以得到嫌疑人承认其明知的直接证据，大多是靠间接证据予以认定，与"非法占有目的"的司法实践一样，最高院等机构也对某些犯罪的"明知"认定的推定情形作出了规定。

1. 立法规定

《刑法》第14条规定："明知自己的行为会发生危害社会的结果，并且希望或者放任这种结果发生，因而构成犯罪的，是故意犯罪。"可见，犯罪故意的认识因素是"明知"自己的行为会发生危害社会的结果，"明知"是确定犯罪故意的前提。大多这类犯罪的故意状态不需要特别的证明，像盗窃、诈骗等犯罪，行为自身包含了主观故意的要素；但在有的罪名中，需要特别证明该故意状态，如使用假币罪，因为假币与真币的相似性，该罪名成立应该以行为人明知"假币"为要件。

金融犯罪中有5个需要以明知为要件的罪名，且都表现为"明知＋违法物品"型，包括：明知"伪造的货币""伪造的信用卡""伪造的空白信用卡""毒品犯罪、黑社会性质的组织犯罪、恐怖活动犯罪、走私犯罪、贪污贿赂犯罪、破坏金融管理秩序犯罪、金融诈骗犯罪的所得及其产生的收益"和"伪造、变造或作废的汇票、本票、支票"❶。

---

❶ 王新. 我国刑法中 "明知"的含义和认定——基于刑事立法和司法解释的分析［J］.法制与社会发展，2013（1）.

2.司法解释

人的主观认识状态，一般可分为"肯定知道"、"可能知道"和"不可能知道"三种，如果是"肯定知道"或"不可能知道"，自然就能够确定罪与非罪的界限，正是"可能知道"状态的存在，成为证明中的难点。与"非法占有故意"一样，明知的证明大多也是以司法解释为依据、通过推定形式来完成的，其主旨在于何种情况下"可能知道"的可能性大到可以被认定为"知道"。

在我国目前的刑事立法中，共有三十多个条文涉及"明知"的规定，相应罪名的司法解释也大多规定了明知的证明要素，包括伪劣商品、走私、假冒注册商标的商品、假冒伪劣烟草等相关罪名，金融犯罪中有关的司法解释只有《最高人民法院关于审理洗钱等刑事案件具体应用法律若干问题的解释》（以下简称《洗钱案件审理解释》）中规定了"明知"的几种情形，为了说明"明知的内涵"并呈现《洗钱案件审理解释》中对明知界定的修正，现把《办理走私刑事案件适用法律若干问题的意见》（以下简称《走私案件审理解释》）、《关于办理假冒伪劣烟草制品等刑事案件适用法律问题座谈会纪要》（以下简称《烟草案件适用纪要》）与洗钱罪中的明知进行比较，如表3-3所示。

表3-3　"明知"故意的司法解释比较

法规名称	《办理走私刑事案件适用法律若干问题的意见》	《关于办理假冒伪劣烟草制品等刑事案件适用法律问题座谈会纪要》	《最高人民法院关于审理洗钱等刑事案件具体应用法律若干问题的解释》
发布机构	最高人民法院等	最高人民法院等	最高人民法院
发布时间	2002年	2003年	2009年
"明知"对象	走私行为	假冒伪劣烟草	犯罪所得及其收益
"明知"的认定形式	"明知"是指行为人知道或者应当知道所从事的行为是……	"明知"，是指知道或应当知道……	应当结合被告人的认知能力，接触他人犯罪所得及其收益的情况，犯罪所得及其收益的种类、数额，犯罪所得及其收益的转换、转移方式，以及被告人的供述等主、客观因素进行认定

续 表

法规名称	《办理走私刑事案件适用法律若干问题的意见》	《关于办理假冒伪劣烟草制品等刑事案件适用法律问题座谈会纪要》	《最高人民法院关于审理洗钱等刑事案件具体应用法律若干问题的解释》
发布机构	最高人民法院等	最高人民法院等	最高人民法院
发布时间	2002 年	2003 年	2009 年
"明知"对象	走私行为	假冒伪劣烟草	犯罪所得及其收益
"明知"的情形	具有下列情形之一的,可以认定为"明知",但有证据证明确属被蒙骗的除外: (一)逃避海关监管,运输、携带、邮寄国家禁止进出境的货物、物品的; (二)用特制的设备或者运输工具走私货物、物品的; (三)未经海关同意,在非设关的码头、海(河)岸、陆路边境等地点,运输(驳载)、收购或者贩卖非法进出境货物、物品的; (四)提供虚假的合同、发票、证明等商业单证委托他人办理通关手续的; (五)以明显低于货物正常进(出)口的应缴税额委托他人代理进(出)口业务的; (六)曾因同一种走私行为受过刑事处罚或者行政处罚的; (七)其他有证据证明的情形	有下列情形之一的,可以认定为"明知": (1)以明显低于市场价格进货的; (2)以明显低于市场价格销售的; (3)销售假冒烟用注册商标的烟草制品被发现后转移、销毁物证或者提供虚假证明、虚假情况的; (4)其他可以认为明知的情形	具有下列情形之一的,可以认定被告人明知系犯罪所得及其收益,但有证据证明确实不知道的除外: (一)知道他人从事犯罪活动,协助转换或者转移财物的; (二)没有正当理由,通过非法途径协助转换或者转移财物的; (三)没有正当理由,以明显低于市场的价格收购财物的; (四)没有正当理由,协助转换或者转移财物,收取明显高于市场的"手续费"的; (五)没有正当理由,协助他人将巨额现金散存于多个银行账户或者在不同银行账户之间频繁划转的; (六)协助近亲属或者其他关系密切的人转换或者转移与其职业或者财产状况明显不符的财物的; (七)其他可以认定行为人明知的情形

　　这三个司法解释,都采用了"概括＋列举"的表述方式:先对"明知"的含义进行解释,然后列举推定的基础事实。从《走私案件审理解释》和《烟草案件

适用纪要》关于明知的界定可以看出，"明知"的含义包括"知道"和"应当知道"两种形式，这在我国的一系列司法解释中已经形成惯例，其中"知道"自然是明知的当然之意，但"应当知道"在其中的含义引起了较多争议。

从本质属性上看，"应当知道"是过失心理状态的表现，属于过失的范畴，相对而言，"明知"则属于故意的范畴。所以，刑法中的"明知"是指行为人"已经知道"某种事实的存在或者可能存在，而不包括"应当知道"某种事实的存在，否则便混淆了故意与过失，因此，在刑法明确要求"明知"的条文中，不应当将隶属于过失范畴的"应当知道"扩大解释成为故意犯中的"明知"，将故意与过失同等看待是不合适的。❶

上述司法解释之所以将"应当知道"也纳入"明知"的含义之中，主要是考虑到司法机关证实犯罪嫌疑人"明知"比较困难，所以为严惩犯罪而降低了证明标准，把"应当知道"也作为明知的情形之一。不可否认，这种规定有一定的司法价值，便于解决司法机关对"明知"的证明，然而，这种规定方式有违刑法的基本原理，混淆了故意与过失之间界分的基本立场。但另外，如果只以"确定知道"为证明要件，显然还是证明标准过高，容易放纵犯罪，所以，应当采用其他的表述方法，其目的是突出某些"可能知道"情形中"可能性极大以至于可以证明（推定）其知道"的情形。

《洗钱案件审理解释》中明知的规定，正是用"推定知道"代替"应该知道"❷达到了这种证明效果：先阐述了"综合认定"的证明原则，即应当结合被告人的认知能力、犯罪收益等主、客观因素进行认定；然后将司法实践中比较普遍能证明"知道"的"低于市场价格收购"等基础事实予以列举；最后又明确了"但有证据证明确实不知道的除外"之"除却规定"。

3."明知"故意的取证思路

用"推定知道"代替"应该知道"，一方面消除了"应该知道"作为过失状态引致的司法误解，另一方面又以推定的方式使类似以前"应该知道"之状态的证明有了可操作性。这种推定方式虽然在司法解释中明确只适用于洗钱犯罪，但对其他类似"明知"状态的证明也有示范作用，针对金融犯罪中明知的证明，笔

❶ 王新. 我国刑法中"明知"的含义和认定———基于刑事立法和司法解释的分析［J］.法制与社会发展，2013（1）.

❷ 陈兴良. "应当知道"的刑法界说［J］.法学，2005（7）.

者认为是可以普遍适用的。

侦查人员在进行"明知"故意的取证上，应有意识地排除"应当知道"为"明知"的含义，具体要注意的就是各种列举情形的适用，在"应当知道"的取证思路下，常会把列举情形作为证明"应当知道"的充分条件予以使用，而采用"推定知道"的证明方式，则应该把列举情形只是作为一种基础事实存在，这些证据可以推定行为人具有某种故意，但行为人可以提出反证推翻这种推定。

另外，虽然"应当知道"和"推定知道"在法律语言的准确性上差别很大，但本质上来讲，对侦查活动的影响不大。具体说来，侦查人员虽在形式上不使用"应当知道"的术语，但在实质意义上可以使用"应当知道"的内涵，即围绕嫌疑人"可能知道"中的"可能性大小"综合判断"被告人的认知能力""既往行为"等要素进行取证，推定也就水到渠成地成为"应当知道"的替代物。

与"非法占有故意"取证思路的调整类似的是，要避免过于依赖列举的几种情形，需要针对变化多端的金融犯罪手法注意"其他情形"的适用。

三、主观故意证明机制的完善

对于主观故意的证明，因为情况复杂多样，为了便于实务操作，我国用司法解释的方式列举了一些情形作为推定的基础事实，为侦查活动提供了具有可操作性的依据。但是，主观故意的证明并不适合用"情形之一"的列举方式，既容易出现"其他"这种比较宽泛的空白条款，又可能出现"不能返还"这种客观归罪的情形，还会有"肆意挥霍"这类不容易把握的情形，只依据某个情形认定主观故意，难免有"盲人摸象"的偏颇。

侦查活动中对于主观故意的取证，除了要搜集司法解释中列举情形有关的证据，更要注意综合判断，通过多种方式完善主观故意的证明机制。第一，注意直接证据的获取。显然，从嫌疑人口中得到其承认主观故意的口供可能性不大，但也不能全然放弃，出示证据、适当运用讯问策略、并辅佐以心理测试等讯问技术手段，并非完全不可能找到突破口。第二，注意多方面搜集间接证据。搜集间接证据，一方面要参考司法解释中列举的情形，另一方面也要根据具体案情发挥侦查人员主观能动性，注意搜集其他间接证据；最后，根据全案证据综合评判是否具有明知或非法占有的故意。第三，提请检察机关提前介入。金融犯罪本身相对专业，再叠加刑民交叉的定性问题，侦查活动过程更为复杂，这类案件有必要提请检察提前介入，既借助检察人员的专业能力，又能尽快与检察机关达成共识，避免审查起诉阶段的定性分歧。第四，进行侦查案例指导。经济犯罪中的案例，大部分都是关于实体法适用的司法解释、案例指导等，侦查实务案例非常罕见。普通刑事犯罪案件侦查中，常有各类案例的学习和总结，形成类似于证据规格的体系；针对金融犯罪的复杂性，为了帮助侦查人员对案件尽快定性取证，也不妨进行侦查案例指导，如表明挥霍的条件除了挥霍数额，还包括挥霍比例；用案例说明"转贷牟利为目的"中"虚假合资转贷"的方法和资金流动特点，等等。

第四章　金融犯罪侦查中的
行刑衔接问题

金融活动涉及"一行三会一局"等行政主管机关，它们负责各类金融活动的审批、运行和监管，这些行政机关对金融业务的参与，使金融犯罪的侦查活动具有以下特点：第一，上述机构会在日常金融业务管理中发现某些疑似犯罪的业务，这类案件的移交是金融犯罪的重要案件来源；第二，这些部门由于其行政监管职能的前沿性，常能掌握第一手犯罪资料，加之其在金融业务方面的专业性，侦查环节往往是由这些主管机构和侦查机关共同完成的；第三，鉴于金融犯罪的专业性，诉讼活动非常依赖行政机构的"专业认定"作为定案依据。这些现象形成了金融犯罪侦查中颇具特色的行刑衔接制度。

第一节　金融犯罪侦查中行刑衔接的含义

金融产业的运行离不开各类金融监管主体，它们依据《中华人民共和国商业银行法》《中华人民共和国反洗钱法》《期货交易管理条例》等金融行政监管法规对金融机构等交易主体的具体业务进行指导和管理。这些法规与金融刑法体系一样，同样是规定了各类金融活动应遵守的秩序，但两者的范围和层次不同。行政法规是对各种金融交易行为进行比较广泛和详细的规定，其约束边界是行政违法行为；金融刑法是针对比较严重的刑事犯罪行为，范围较小。从两者的衔接联系上看，金融犯罪往往是某个行政违法行为危害性进一步延伸的结果。两者的这种内在联系构成了行政制度和刑事制度衔接的内涵，具体表现为行政违法与刑事犯罪的衔接、行政执法与刑事司法的衔接两个方面。

一、行政违法与刑事犯罪的衔接

《刑法》中对金融犯罪的描述，大多是以"量变到质变"的形式界定的，其客观方面多以数额和严重程度为成立要件，如高利转贷罪规定"以转贷牟利为目的……违法所得数额较大的"；内幕交易、泄露内幕信息罪规定了"……情节严重的"；保险诈骗罪规定了"进行保险诈骗活动，数额较大的"。❶可见，当类似破坏金融秩序的行为发生但是没有构成"数额较大""情节严重"时，就属于违反相关行政管理法规的范畴而非刑事犯罪；若危害程度进一步加深，达到起刑点时就构成了犯罪。这些行为的行政违法与刑事犯罪存在着前后的衔接关系，这是行刑衔接在法律规范方面衔接的一层含义。

二、行政执法与刑事司法的衔接

行刑衔接的另一层含义是指行政执法和刑事司法之间的衔接，这与行政违法和刑事犯罪的衔接是一脉相承的。金融监管机构等行政部门作为金融业务活动的日常管理者，也是金融行政违规行为的重要发现者。这些机构的信息来源主要包括两方面，一是在日常工作中的主动发现，二是被动接受银行等金融机构的汇报。

主动发现方面，各金融监管机构都有其监管范围的划分，监管工作的重要内容就是发现金融违规行为。如中国人民银行负责反洗钱的相关工作，有义务责令各金融机构搜集、上报相关数据并作出可疑交易信息的分析；保监会负责保险业务的监管，在日常的业务检查中也会发现投保违规等情况。被动接受汇报方面，各金融监管机关是其职责范围内的金融商业机构的行政管理机关，所以，当各金融商业机构在日常业务的内部管理中发现违规行为时，也有义务向其主管机关汇报。如基金公司在业务核查中发现"老鼠仓"行为时，应当向证监局（会）说明相关情况；银行发现内部人员违法发放贷款，也应当在银监局（会）备案。

可见，无论是被动接受还是主动发现，这两种渠道都是在金融体系内部，相对于刑事司法领域更接近于金融活动本身，是目前最容易发现金融违规行为的渠道。可以说，金融监管机关是金融违规行为的天然发现者，大多数违规行为也正是从这些监管机关的行政调查开始的。当行政调查取证进行到某一程度，监管机关发现这一行为可能涉及刑事犯罪时，就会按规定把案件移交给刑事司法部门，

---

❶ 具体的数额和情节规定请参照：2010年5月由最高人民检察院、公安部发布的《最高人民检察院、公安部关于公安机关管辖的刑事案件立案追诉标准的规定(二)》。

这就是行政调查和刑事司法之间的衔接，是行刑衔接在实践取证方面的第二层含义，也是本书讨论的重点。

三、相关范畴的界定

上述的两层含义是本书界定的行刑衔接主要内容，研究金融犯罪侦查中的相关问题，还需要说明其他几个范畴。

第一，金融犯罪涉及的行政主管机关主要是"一行三会"和外汇管理部门，但在行刑衔接这个环节，涉及的行政主体也可能包括审计部门❶、工商部门、税务部门等行政主体；❷部分案件的侦查活动中还会涉及银行业协会等行业自律组织的协作，它们虽然不具有"行政主体"的身份，但在取证协作中的协作机制和协作内容与行刑衔接相似。

第二，尽管行政部门的移送是刑事侦查部门的重要案件来源，但刑事案件的来源也包括刑事部门主动发现及接受报案等多种渠道，这些案件的侦查过程也会涉及与行政部门的协作，虽然这不属于我们上文界定的狭义的行刑衔接的范畴，但两者在侦查协作方面有很多类似的地方，对其中的部分内容将一并予以讨论。

第三，相对其他犯罪，金融犯罪的移交主体中除了行政机关等，还包括银行、证券公司等金融机构，这与金融犯罪发生的环境有关。普通的经济犯罪，如走私、涉税等案件，一般是由海关、税务、工商等行政主体直接发现犯罪行为，然后处以行政处罚或移交案件；而金融犯罪中的金融机构常具有多重身份，很多假币、逃汇、证券欺诈等案件是由银行、证券公司发现并移交给公安机关的，并没有经过金融监管机构。但这些金融机构又区别于一般的举报者和受害者，有时是以"金融活动管理者"的角色出现，如出现银行工作人员违法发放贷款、基金

---

❶ 审计署的主要职责包括：依法检查审计决定执行情况，督促纠正和处理审计发现的问题，依法办理被审计单位对审计决定提请行政复议、行政诉讼或国务院裁决中的有关事项。协助配合有关部门查处相关重大案件。参见审计署网站：http://www.audit.gov.cn/n1992130/n1992165/n1992606/index.htm。

❷ 2009年6月，安庆市审计局开展对某农村合作银行2008年度资产负债损益审计。在审计过程中，审计人员采用计算机处理电子数据的方法，发现该行存在借款人涉嫌利用虚假证件骗贷的犯罪线索。经查证，借款人用虚假身份证在该行多个信用社贷款，金额累计达30多万元，长期未还本息，已给该行造成较大损失。对此，安庆市审计局高度重视，为严明国家法律，加大打击金融领域犯罪活动力度，根据相关法律规定，及时将案件线索移送公安机关。参见网址：http://www.anqing.gov.cn/a/zhengwu/dong-tai/bumen/2010/0701/20156.html。

公司工作人员违规进行交易等情形时，金融机构也会有类似监管机构的调查程序，并按照内部规章进行处罚。

第四，除了行政机关会向侦查机关移送案件，有时侦查机关也会向行政机关移送。有的案件中，侦查机关接到群众和金融机构等有关部门报案，后经审查认为属于行政违法，就会把相关证据移送给行政主管部门负责。

上述四种情况，虽然不属于我们一般意义上的行刑衔接，但在侦查协作方面有相似之处。第一种情况，审计部门等行政机构虽不是专业的金融监管部门，但其职责范围包含了监管金融领域的相关行为，其衔接制度和协作范围与涉及金融监管机构的行刑衔接相似，文中一并讨论；第二种情况，虽然严格说来并没有行政机构向刑事部门移交的行刑衔接，但在侦查协作方面类似，本书以侦查活动为视角，所以下文中除了特别说明，大多不予区分；第三种情况，虽然金融机构的移交与普通的报案举报不同，但这种商业机构的调查和处罚还是区别于行政监管机构行使的行政职能，不是典型的行刑衔接，不特别予以讨论；第四种情况是一种特殊的行刑衔接，不作为研究的重点。

四、金融犯罪侦查中行刑衔接的体现

金融监管机关在金融业务知识方面具有专业性，侦查机关在法律制度、侦查知识方面具有专业性，而且有权采取强制措施，其二者各有利弊；实践中，很多案件的侦查工作是由两者共同完成的：在公安机关先接到报案和举报的案件中，因为涉及专业范围的认定，经常需要得到相关行政机关的协助；对于行政部门移交的案件，因为监管机构大多在移交时就已完成部分取证工作，公安机关接受案件后需对监管机构调取的证据进行核实，必要时再搜集新的证据，并对嫌疑人采取强制措施、对相关账户进行冻结及对相关资产进行查封等。总体看来，金融犯罪侦查活动中的衔接主要体现在三个方面：立案衔接、证据衔接和取证协作。取证协作中还涉及金融犯罪取证中比较典型的一个现象，即行政机构专业认定的应用。

第二节　行刑衔接中的立案衔接

立案衔接，是指行政机关发现的违规行为按规定已达到了刑事犯罪的标准，因而依法将案件移送侦查机关，由侦查机关审查决定是否进行刑事立案的过程。

一、金融犯罪立案衔接制度的意义

立案衔接对公安机关的意义，不仅是如何接受案件和侦查案件的过程，还有一个重要意义在于这也是金融犯罪案件来源的重要渠道。犯罪黑数大、案发率低是金融犯罪的重要特点，在一些没有被害人的金融犯罪中尤为典型。如内幕交易、操纵证券市场价格、逃汇和洗钱等，没有被害人报案，导致了刑事法律体系在这些金融犯罪中无法启动，只能靠行政机关的移送，就这个角度而言，衔接制度如何建立，如何减少"以罚代刑"，增加行政机关移交的强制性，决定着这类犯罪能否纳入到刑事追诉的范畴。

二、我国金融犯罪的立案衔接制度

对于这种跨部门的衔接和协作方式，如果衔接机制不合理，难免就会出现一些问题。例如，金融监管机关没有权利采取强制措施，如果移送不及时，可能会导致犯罪人潜逃、涉案资产被转移及相关证据灭失等情况，在堪称"中国股市第一案"的"中科创业"案行政调查取证过程中，由于监管机构在行政调查时泄露了消息，又没有通知侦查机关及时采取强制措施，使得主犯朱焕良、吕梁听到消息后潜逃国外，至今下落不明。近年来，随着相关制度的建设，我国正从多个方面逐步建立和完善金融犯罪的立案衔接体系。

1. 法律规范和专项治理

鉴于经济犯罪领域中行刑衔接的广泛性，我国前后发布了多部法规对其移交条件、移交程序和监督机制等问题进行了规定。如国务院 2001 年 7 月颁布的《行政执法机关移送涉嫌犯罪案件的规定》，2006 年 1 月最高人民检察院等部门联合颁布的《关于在行政执法中及时移送涉嫌犯罪案件的意见》；各地方和行政部门也依据这些规定出台了实施细则。如 2004 年 8 月上海市监察局等 14 家单位制定了《关于建立行政执法与刑事司法相衔接工作机制的办法》，保监会 2008 年 5 月发布《中国保监会关于在行政执法中及时移送涉嫌犯罪案件的规定》，银监会 2010 年 11 月出台了《银行业金融机构案件处置工作规程》等金融机构案件处置三项制度。

各相关机构还配合上述相关规范展开了专项治理工作，如最高人民检察院、公安部、监察部、商务部联合在 2010 年联合发布了《关于开展行政执法机关移

送涉嫌犯罪案件专项监督活动的工作方案》并开展了行政执法机关移送涉嫌犯罪案件专项监督活动。此次"专项监督活动"就是以经济领域作为切入点，对金融证券、环境保护等部门进行监督，移送了一批应当移送公安机关立案侦查而不移送、以罚代刑的涉嫌犯罪案件。

2."两书抄备审查"和"联席会议制度"

"两书抄备审查"和"联席会议"是经济犯罪行刑衔接中比较普遍的制度，"两书"指涉嫌犯罪案件移送书和行政处罚决定书，"两书抄备审查"是指行政执法部门将上述两个文件抄送公安和检察机关。目前看来，这种方式与其说是行刑衔接的途径，不如说是衔接的一种形式，主要还是依靠行政机关的自觉性和主动性进行。

联席会议制度是指"有实际工作联系但没有隶属关系的司法机关与行政执法机关之间，针对法律法规尚未规定或规定不够明确的问题，由一方或几方牵头，在充分发扬民主精神的基础上召开会议，形成具有约束力的规范性意见，用以指导实践、解决问题的一种工作制度。"❶这是金融犯罪行刑衔接协作的一种重要途径，各金融监管机关目前都建立了与公安机关的联席会议制度，但通常是为了某一类型问题的联络，如"中国银监会组织公安、工商等部门，召开处置非法集资第一次部际联席会议，学习贯彻全国金融工作会议有关精神，总结国务院研究非法集资处置工作会议以来的主要工作，通报当前非法集资形势，研究部署下一步工作任务"，❷而不是一个正常和全面的移交手段。

3.人员派驻制度

人员派驻制度是金融犯罪行刑衔接中比较特殊的制度，主要指公安机关在"一行三会"中都有长期的派驻人员。例如，在金融领域的证券行业内，随着地区证券交易机构和金融监管机构的设立，公安部在2003年设立证券犯罪侦查局并派人员常驻证监会和相关机构；在银行业方面，自2007年开始，公安部常年派驻人员到银监会，负责分析研究重大金融犯罪案件及线索、统一部署双方协作配合的工作等。但是派驻人员并没有权利对监管机关行政调查的案件进行主动审查，只能应行政机关的邀请对疑难案件提出相关建议，并不实质影响移送制度。

❶ 张福森. 浅析行刑衔接联席会议中的牵头部门〔N〕. 检察日报，2010-12-8.

❷ 银监会召开部际联席会议 将严厉惩治非法集资. 金融界网站，2007年2月14日。参见网址：http://bank.jrj.com.cn/2007/02/000002005553.shtml。

三、我国金融犯罪立案衔接的问题

近年来，我国的行刑衔接制度已逐步建立和完善，但实践中仍有立案衔接不畅通的问题，主要涉及两个方面：一是行政机关有案不送、以罚代刑，二是侦查机关有案不接。第二种情况在金融犯罪中发生的数量比较少且多半原因特殊，❶本书主要讨论"有案不送"的问题。

对于金融犯罪而言，监管机关移送是其重要的案件来源。但实践中，行政机关更习惯使用"以罚代刑"的自主处理方式，表现在：其一，移送案件比例低；其二，移送的案件有相当比例已做过行政处罚；其三，把难以处理的案件移交给司法机关，移送成为行政执法机关处理疑难案件的出口。

关于各金融系统的移送比例，缺乏相关统计，不妨先以2012年的移送数量和比例都比较好的证监会为例进行说明。"2012年是证监会执法力度最大、查办案件最多、移送刑事追责案件最多的一年。全年共受理证券期货违法违规线索380件，比2011年增长31%。新增案件调查316件，比2011年增长21%，移送涉嫌犯罪案件33件，比2011年增长32%，对195名当事人作出了行政处罚，涉及罚没款共计4.36亿元，比2011年增长24%。"❷按照这组数据，证监会2012年比2011年移送的刑事案件数目的增长率与受理线索的增长率基本持平，分别是31%和32%左右，是比较合理的增长数字，但是以刑事案件数目占开展调查案件数目❸（33的移送数目之于380的线索数目）的比例看，却只有不到10%。可以推测这个比例的实际分母应该比380件更大，包括很多金融监管机关进行调查但是没有进行处罚的行为；而对于运行和监管体系都比较庞杂的银行业和保险业来说，这个比例数字大约更低。实践中，大量的刑事犯罪都是以行政处罚甚至更轻的内部处分等方式结案的。

"以罚代刑"是经济犯罪案件处理中相关行政机关常用的做法，既有"行政处罚"之意，也包含有经济处罚功能的"行政罚款"之意。金融犯罪中的"以罚

---

❶《南昌证券黑市涉嫌非法集资诈骗1.46亿元警方不予立案背后》：该案中，中国证券监督管理委员会、江西省工商行政管理局、南昌市地方税务局稽查局、南昌市东湖区人民法院等国家行政及司法机关均相继以"涉嫌刑事犯罪"致函移送江西省公安机关要求"立案侦查"，但公安机关经审查认为"已过追诉期"和"无犯罪事实"，作出"不予立案"的决定。载：《中国经济时报》，2010年12月27日。

❷ 证监会：2012年是证监会执法力度最大的一年。参见网址：http://finance.qq.com/a/20130222/006303.htm。

❸ 因为证券违法行为的调查期间比较长，常常是跨年度调查，所以本书用了新增调查数目来近似年调查数目，即以318件作为2012年的总调查量。

代刑"，主要是指前者，"罚款"的含义相对较轻。按有关规定，行政罚没收入应该遵守"收支两条线"的规定全部上缴，但现实中各行政机关的做法不一。据笔者的调研，金融系统中的依据行政违法进行的罚款案件数量并不少❶，但因为罚款事项的制度性和罚款对象的专业特殊性等原因，其透明度也较高，所以金融行政部门的罚没收入上缴情况是比较好的，金融犯罪涉及的行政部门一般不会因为罚没收入的利益驱动而包揽行政处罚，"以罚代刑"现象在金融犯罪中较常出现的原因，除了与其他"以罚代刑"现象类似的缺规定、无动力、渠道窄、监督少等原因外，还与罚款对象的特殊性有关，下文将详述。综合看来，我国有案不送的情况主要有以下几方面原因。

1. 法律依据混乱

前述我国关于金融犯罪的行刑衔接先后出台了多个法规，并且各地方和部门也制定了一些实施方法和细则，其实这恰好说明了这方面法律规范的混乱状态：大多规范的效力较低，而且制定主体各异，有些规定还存在冲突。其结果是，尽管有涉嫌刑事案件需要移送的原则性规定，但操作性较差，以致实践中仍没有明确的规范，行政机关甚至金融机构还是对涉嫌犯罪的案件行使着"理所当然"的调查职能。❷

2. 行政机关移送案件积极性不高

对于行政机关而言，如果没有比较强制性的规定，就只能依靠各种激励和责任机制调动积极性。但这方面也有一些障碍：

第一，金融犯罪比较复杂，而且行政执法的处罚证据与刑事诉讼证据因为证明对象和证明标准的差别有很多不同，导致案件移送过程中公安机关会反复要求行政执法部门补充证据或者为了防止退侦一开始就提高了证据的门槛，这在一定

---

❶ 本书在此处特别强调是因为违法行政法规进行行政处罚而产生的罚款，不包括因为银行等各种服务规章、业务操作等内部规定而产生的罚款事项。

❷ 如银监会2010年的《银行业金融机构案件处置工作规程》第10条规定："银行业金融机构……成立专案组，负责案件调查工作。……履行以下职责：(一)启动应急预案，清查账目，及时采取风险化解措施，保全资产。(二)调查涉及人员，及时向公安、司法机关报案，协助政府有关部门做好舆情控制，维护发案机构正常经营秩序，积极配合公安、司法机关对案件进行调查，初步确定案件性质。(三)查清基本案情，确定案件性质，及时向银监局书面报告。(四)查找内部制度和执行情况存在的问题，厘清案件有关责任。"实践中，只要出现了违规事件，无论是否明显涉嫌刑事犯罪，银监会更加强调的是金融机构如何调查取证，而非移送给侦查机关；一般只有涉及对人的强制措施和对财物的控制措施时，才需侦查机关的介入。

程度上也影响了行政执法部门移送案件的积极性。

第二，对于行政执法人员而言，他们一般只关心自己是否完成了行政执法的任务，而是否需要移送司法机关，则成了可做可不做的事，缺乏激励机制，也缺乏移送的动力。

第三，虽然规范性文件规定了相应的责任追究机制[1]，但实践中这种不作为很少被追究责任，甚至针对故意徇私舞弊不移交刑事案件的行为，查处比例也非常低。以北京市为例，2006年1月至2008年11月近3年间检察机关查处的徇私舞弊不移交刑事案件犯罪嫌疑人只有382人[2]，相对于巨大的不移交案件的数量来说，实在是九牛一毛。

3. 衔接途径有限

目前，金融犯罪侦查中的行刑衔接措施主要包括两书抄备审查、联席会议和派驻制度，这几种制度对加强金融犯罪的行刑衔接发挥了重要作用，但对于移交案件来讲，前两者完全还是依赖监管机关的主动性，侦查机关没有任何强制力；派驻人员虽然在这些金融机构办公，但大多也是被动接受案件，没有权力和路径去主动审查行政处罚的合理性。

4. 监督力度不足

在调研中问及行政机关不把涉嫌犯罪的案件移交给侦查机关的原因，很多人的回答是"麻烦"二字，换句话说，很多案件可能只是因为程序烦琐或者渠道不畅等原因就从"刑事犯罪"被处理成了"行政违法"；行政人员的这种懈怠，也反映出衔接事项缺少监督，即便违反规定不移交刑事案件，通常也不会有什么不利后果，长此以往，行政机关自然不乐意给自己添加这些工作量。目前，监察机关和检察机关是我国金融犯罪行刑衔接中的监督主体，但这两种监督，都是以"发现违法情况"为前提的，但实践中存在的问题又恰恰是监督机关没有其他渠道发现金融犯罪，所以，这种监督立案机制在金融犯罪中的作用非常有限。

5. 处罚对象的特殊性

在金融犯罪涉及的以罚代刑不移交案件中，比较常见的是破坏金融管理秩序

---

[1] 如《关于在行政执法中及时移送涉嫌犯罪案件的意见》第 13、14 条原则性地规定了行政执法人员的违法、违纪行为应受法律追究。

[2] 郑赫南. 尽快破解"有案不送""以罚代刑"难题［N］. 检察日报，2010-3-9.

犯罪中的危害证券、期货市场管理制度犯罪（内幕交易、泄露内幕信息罪，编造并传播证券、期货交易虚假信息罪等），危害资金管理制度犯罪（背信运用受托财产罪、违法运用资金罪）和危害外汇管理制度犯罪等，而对于假币罪、洗钱罪、擅自设立金融机构罪、金融诈骗罪等罪名，以罚代刑的情况相对较少。也就是说，有关金融机构人员的背信犯罪和金融从业人员的其他犯罪移送比例相对低。究其原因，源于这些犯罪的嫌疑人本身就是金融机构工作人员，或者反映出金融机构日常业务的设置和监管漏洞，于是，基金公司等金融机构考虑到其商业信用等原因，一般不希望刑事力量介入，他们更倾向于与监管机关协商进行行政处罚；而对监管部门来说，他们也与这些金融机构的关系密切，在有操作余地的条件下会配合其要求。

四、相关制度的域外比较

面对一些无被害人的证券等领域内的金融犯罪，侦查机关无从入手，只能被动等待金融监管部门的移送，这是世界各国打击金融犯罪时都面临的一个问题，如何加强刑事力量在金融犯罪中的发现机制，建立有效的行刑衔接以扩大案件来源，是各国在制定相关政策时的重要考虑因素，下文将介绍一下其他国家类型各异的行刑衔接机制。

1.美国

美国进行金融犯罪侦查的机构主要有两大类：一部分是国家和各州的侦查机关，如联邦调查局下设的金融犯罪部（FCS）；另一部分是以金融监管为主要职责的行政机构，如美国证券交易委员会（SEC）、美国货币监理署（OCC）、联邦存款保险公司（FDIC）等，另外比较著名的还有财政部所属的金融犯罪执法网络（Financial Crimes Enforcement Network，FinCEN），他们都有权力对各自专业监管范围内的金融企业进行调查（侦查）取证，而且这两类侦查机构各自行使侦查权，一般不涉及移交的问题。

美国这些金融行政机构的执法权力也是逐渐扩大的，以美国证券交易委员会为例，设立初期，这个机构拥有的执法权相当有限，仅限于通过法院发出的司法禁令（injunction）和针对被监管对象的行政处理程序；从20世纪70年代开始，随着金融市场的快速发展和金融犯罪的日益专业化，为了高效地应对金融犯罪，SEC积极寻求更多的执法手段；安然事件后，2002年《萨班斯－奥克斯利法》

（Sarbanes-Oxley Act）颁布，这些行政机构的调查权力进一步扩大；目前，SEC的执法权力主要包括调查权、传唤权、行政处罚权等行政权力和账户冻结权、搜查权、起诉权等刑事权力，跨越了行政调查和刑事调查的界限。❶

2. 英国

与美国类似，英国对金融犯罪有侦查权的机构也包括英国警察局下属的经济犯罪侦查部门和金融监管行政机构，即英国金融服务管理局（Financial Services Authority，FSA）；另外比较特殊的还有严重诈骗案件侦查署（Serious Fraud Office，SFO）。❷

1987年以前，英国的刑事犯罪侦查工作全部是由警察来进行的，1988年成立了重大欺诈犯罪调查署，1997年又改组成立了英国金融服务管理局❸，他们开始对各自管辖范围内的金融犯罪行使侦查权。❹英国金融服务管理局作为全国统一的金融监管机构，类似于我国的"一行三会"，其主要职责是金融监管，但出于打击金融犯罪的需要，不但有权对相关的金融犯罪进行一般的行政调查，还可以进行搜查、讯问、冻结账户等侦查活动并提起公诉。

3. 德国

德国的金融监管机构是德国联邦金融监督局（BaFin），❺按照德国《证券交易法》的规定，该机构行使的是行政调查权而非刑事侦查权，具体是指，在调查证券违法行为时，BaFin的主要职能是咨询相关机构并进行调查，提供侦查前期

---

❶ 郭雳. 美国证券执法中的行政法官制度［J］. 行政法学研究，2008（4）.

❷ 严重诈骗案件侦查署是于1988年根据《1987年刑事审判法》建立的一个特殊机构，其职责是侦查和起诉英格兰、威尔士和北爱尔兰地区的重大欺诈犯罪案件。这个机构虽然办案数量不多，但通常都是涉案损失或潜在损失在500万英镑以上等较为严重而复杂的案件，包括严重的金融欺诈犯罪。

❸ 1997年10月，英国金融服务管理局（FSA）由1985年成立的证券投资委员会（Securities and Investments Board，SIB组织）改组而成，作为英国金融市场统一的监管机构，是独立的非政府组织，行使法定职责，直接向英国财政部负责。依据《2000年金融和市场服务法》，其目标主要有四方面：
（一）维护英国金融市场及业界信心。
（二）促进公众对金融制度的理解，了解不同类型投资和金融交易的利益和风险。
（三）确保业者有适当经营能力及财务结构健全，以保护投资者。同时，教育投资者正确认识投资风险。
（四）监督、防范和打击金融犯罪。

❹ 麦高伟. 英国刑事司法程序［M］.北京：法律出版社，2003.

❺ 德国联邦金融服务业监察署成立于2002年5月1日，由三个以前的联邦监督机构合并组成：联邦信贷监督会(Bundesamt für das Kredit-wesen (BA-Kred)、联邦保险业监督会(BAV)及联邦证券交易监督会(BAWe)。它由联邦直辖，是具有法律约束力的公共机构，并受联邦财政部的法律及专业监督。

的预调查报告，无论最后认定是行政违法还是刑事犯罪，都要以内部调查报告的形式向检察部门提交调查结果，由后者进行涉刑事案件的处理；●另外，金融监督局在证券监管中发现可疑交易时，也必须向检察机关提交交易风险报告。●

可以发现，德国的金融监管机构虽然没有刑事侦查权和起诉权，但是行政机关和司法机关的衔接非常紧密，金融监管机关必须把所有进行可疑调查的案件向检察部门提供调查报告，移交渠道畅通且规范，司法部门可以审查所有的可疑案件。

4. 法国

法国的金融监管机构是法国金融市场管理局（AMF）●，它拥有条例制定权、单独裁决权、监督与调查权、发布令状和申请发布令状，或采取紧急措施的权力及惩罚权等，其本身虽然不能下令采取保全措施，但 AMF 主席或秘书长可以以书面申请的形式请求司法法官使用保全措施申请书，与此同时，如发现有违反金融市场管理规定和职业规则的行为，金融市场管理局可立案调查，其处罚委员会可根据情节和性质予以处罚，并由下设的理事会向检察官提交调查报告。●

可见，为了解决金融犯罪领域中的刑事力量失灵的现象，有效地发现金融犯罪，各国都加强了行政机关和司法机关之间的衔接和协作机制。在英、美两国，国家直接赋予了某些金融监管机构侦查权，该措施最为直接，在很多案件中几乎不存在衔接的障碍，当然，这与英美两国的权力分散设置等综合背景有关；对比权力设置相对集中的德国、法国和日本等国，其金融监管机构只有调查权，没有侦查权，但为了加强对金融犯罪的处罚效率，这些国家也都建立了比较完备的金融监管机关与司法部门的合作和监督机制，通过审查全部调查报告等形式，侦查部门可以对金融监管机构的调查进行监督，而且对金融犯罪有直接的知情权。

---

❶ "BaFin 需要向 the Federal Central Register (Bundeszentralregister) 咨询刑事犯罪的相关信息，向 the Central Commercial Register (Gewerbezentralregister) 咨询民商事违法的相关信息，以确认他们是否可靠。—— "BaFin consults the Federal Central Register (Bundeszentralregister) for criminal offences and the Central Commercial Register (Gewerbezentralregister) for business offences in order to verify whether they are reliable (i.e."proper") persons." 来自 BaFin 主页（访问时间：2013 年 1 月 10 日）。

❷ 吴庆宝：《德国法内幕交易规制对我国的借鉴作用》，《北大法律网——法学在线》转载《中外民商裁判网》2004 年。参见：http://article.chinalawinfo.com/Article_Detail.asp?ArticleId=43246。

❸ 2003 年 8 月 1 日，法国通过了《金融安全法》，并整合了法国原有的三大金融管理机构——证券交易委员会、金融市场委员会及金融管理纪律委员会，成立金融市场管理局，成为唯一的金融市场监管机构。

❹ 施鹏鹏. 法国金融市场监管管窥 [N]. 证券市场导报，2006（5）.

五、金融犯罪立案衔接的完善

对比来说，我国的金融监管机关只把调查后认为涉及刑事犯罪的案件移交给侦查部门，后者只能得到监管机构筛选过的案源，衔接渠道狭窄且有很强的随意性。虽然我国在走私犯罪侦查权方面有赋予行政机关刑事侦查权的先例，但对于金融犯罪而言，现阶段还不适合效仿英美赋予金融监管机构侦查权；完善我国的行刑衔接机制，除了要完善相关立法、加强监督力度和完善追责机制外，目前可行和有效的还是参照德、法、日等国家的情况，拓宽衔接的渠道，并加强相关监督机制。

1.继续发挥联席会议制度和派驻制度的作用

通过联席会议和派驻人员的作用，我国金融监管部门与公安、检察机关建立起了相对固定的衔接渠道和常规的联系机制，但方式还较为松散，可以参照其他国家和地区的需要加强这两种渠道的有效衔接。例如，2002年，台湾地区行政主管部门为推动金融改革应对金融犯罪，在金融改革专案小组下设金融犯罪查缉分组，由与金融犯罪惩防相关的法务主管部门的"检察署""调查局""金管会""内政主管部门警政署"四部门指派专人为联络人组成金融犯罪查缉分组，在其后的两年时间内成果显著，移送了大量的金融犯罪案件。❶

当前的条件和制度中，中国不妨借鉴类似的方法，改变目前松散的形式意义上的联席会议合作机制，形成更紧密的合作方式，并赋予其相关的行政疑似案件调查权限等。对于派驻人员的作用，也需要具体化，如在遇到刑事犯罪嫌疑人可能逃逸或转移资产的情况下，可以要求侦查人员提前介入涉嫌刑事犯罪案件的行政处理过程，及时搜集、固定证据，抓捕犯罪嫌疑人。

2.建立和完善金融犯罪网上信息共享平台

信息共享平台，是指在行政执法与刑事司法相衔接的工作机制框架下，利用政务网的现有网络、设施和有关数据，实现各行政执法机关与司法机关之间的执法资源共享，如图5-1所示。❷

---

❶ 台湾保险反欺诈启示：反应迅速-运用情报系统。参见《新浪财经》：http://finance.sina.com.cn/money/insurance/bxfw/20121226/174014123506.shtml。

❷ 参见百度百科：信息共享平台：http://baike.baidu.com/view/9689616.htm。

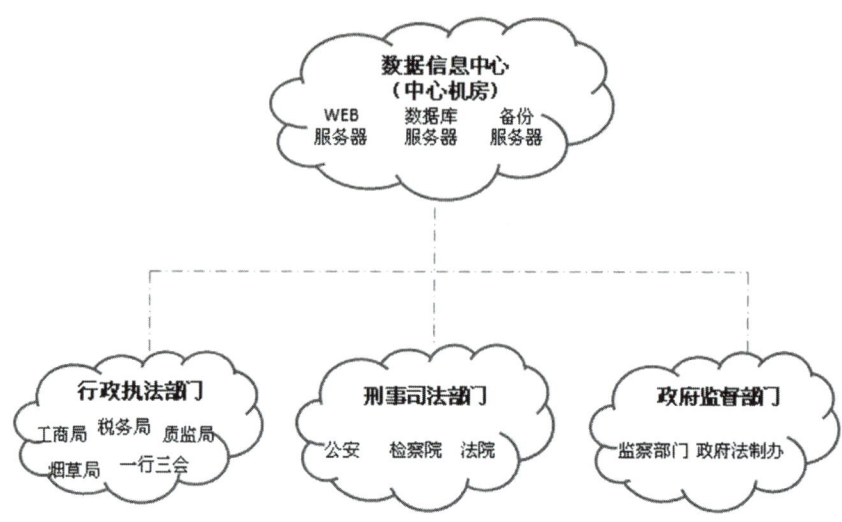

图5-1 公安、检察机关和行政执法机关之间的信息共享平台

显而易见，从案件衔接设置上看信息平台至少包括两部分：一是行政执法机关向公安机关移送涉嫌犯罪案件的衔接；二是检察机关对公安机关接受行政执法机关移送涉嫌犯罪案件的立案监督。从具体的内容来看，通过信息共享平台，各行政执法机关、司法机关可实现案件的网上移送、网上办理、执法动态的交流与业务研讨、案件信息流程跟踪和监控等工作，有助于促进行政机关把案件及时移送给司法机关处理。

类似的信息平台在世界范围内都是应对金融犯罪的基础性举措，如在美国反洗钱活动中有举足轻重作用的金融犯罪执法网络（FinCEN）●就是一个连接相关职能部门的情报网络，其核心信息就是金融业、工商业和执法机构的大量商业数据和金融数据，联邦和各州的执法机构可以通过其信息工程的出入口访问相关数据库并直接获得有用的金融信息。另外，该网络还负责对各种可疑交易和大额交易等信息进行分析，并综合成情报，然后按需求反馈给金融监管机构和其他执法

● 1990年4月，美国金融犯罪执法网络成立，2001年10月，经历"9·11"恐怖袭击事件后的美国为应对恐怖主义洗钱等金融犯罪，加强了对该机构的建设。目前，金融犯罪执法网络最核心职能是为联邦、州、地方（县、市）和国际上的执法部门提供情报支持，包括：（1）支持执法机关的调查工作；（2）加强国际间反洗钱合作；（3）为美国的决策机关提供关于国内和全球范围内的洗钱发展趋势和形式的战略分析报告。该网络有非常全面的信息数据：按照相互间签署的合作协议，访问各个执法机关所建立的执法数据库，获取执法信息；在市场上购买商业信息库，获得工商活动信息；在接受金融机构报告的基础上建立起金融交易数据库。

部门。

2005 年 6 月，上海市浦东新区检察院也开发了全国首个行政执法与刑事司法信息共享平台，近年来，很多地区都陆续建立了"网上信息共享平台"，使公安、检察机关和行政执法机关之间实现信息共享，但目前看来，大多行政机构对信息共享平台的使用仅限于把调查之后认为应当移送的案件才放到了平台上，虽然形式有所变化，但传递的案件信息渠道并没有改善。

这种程度的信息共享平台，只是敦促公安机关及时办理移送案件，规范了移送流程，但从拓宽案件渠道、防止行政机关"以罚代刑"的作用上讲，意义甚微。首先，这个平台在金融领域中的应用并不广泛，其次，即便是开始普遍应用，其作用发挥也有很多限制因素。如图所示，平台中的各个机构都是自主发布平台信息的，对发布的信息内容和详略程度可以自由选择，出于案件保密阶段、网络信息安全等因素的考虑，有时金融监管机构不适宜马上公布案件信息，有时也是出于其他因素的考虑而不完全公布案件信息，这都会使平台的信息共享作用大大降低。

在金融犯罪治理领域搭建这个平台，首先要依赖金融机构和金融监管部门汇集的金融数据，还需要对发布信息的内容和期限等予以规定。现阶段可以遵循德国的做法，把所有行政处罚的信息传输至共享平台，接受司法机关和其他监察机关的监督，这既加大了行政部门的移交压力，也为公安机关提供了更多的主动立案机会。关于共享平台的数据共享范围，应该比照美国的金融犯罪执法网络中的业务信息内容，形成一个大型数据库；有了信息数据的基础，侦查机关才可以与金融监管机构一样，运用分析工具，在其中发现各类可疑交易，这是扩大案件来源的重要方法，也是信息共享平台的建设目标。

上述措施的完善，无疑会加强金融犯罪的立案衔接机制，但是，就目前的警力现状而言，大量金融犯罪立案之后必将出现另一重大问题，即公安、司法机关的办案压力增大，其警力不足以应对大量的侦查取证工作，这其实也是目前立案衔接机制比较差的一个重要要素。

第三节 行刑衔接中的取证协作和证据衔接

金融犯罪侦查的行刑衔接中，行政机关和司法机关在证据上的配合主要体现为两个方面：一是移交案件中，行政机关将其在行政执法中搜集的证据移交给侦查机关；二是侦查机关在所有案件的取证（尤其是公安机关主动立案的金融犯罪案件）过程中，可能都需要行政机关的协作，如查证某些证据、要求出具行政认定文书等。第一种情况中，很多案件的实际取证工作是由这些金融机构和金融监管机关完成的，移交给侦查机关的时候，案件的主要事实通常已经清楚，相关证据也已经固定，但因为取证主体的行政性，出现了行刑衔接中的证据衔接问题，第二种情况是一种侦查协作，一般不涉及证据的定性。我们在这部分主要讨论第一种情况。

此处的关键问题是行政执法机关搜集的证据可否直接在刑事程序中使用。从行政法的角度讲，行政行为具有公信力，行政执法机关调取的证据也应当被认定为有法律效力；从刑事诉讼法的角度讲，刑事程序本身可能造成对犯罪嫌疑人、被告人基本权利的侵犯，而刑事程序的结果更可能限制或者剥夺被告人的某些基本权利，所以为了防止错误的"权利侵犯和剥夺"，有必要严格刑事程序，提高对证据的搜集、审查标准，故而在行政执法领域中合法的证据并不必然在刑事诉讼领域获得合法地位，需要区分实物证据和言词证据，根据不同情况进行转化。❶

首先，对行政执法机关移送的书证、物证等实物证据，可以直接使用。这是2012年《公安机关办理刑事案件程序规定》第60条新增加的内容："公安机关接受或者依法调取的行政机关在行政执法和查办案件过程中搜集的物证、书证、视听资料、电子数据、检验报告、鉴定意见、勘验笔录、检查笔录等证据材料，可以作为证据使用。"这个规定肯定了行政机关所搜集之证据的效力，是行刑衔接中有关证据转化问题的一个重要规定。依据该规定，行政机关在行政执法中取得的实务证据，不需要进行任何转化即可被直接使用。但在某些情况下，如公安机关在审查实物证据有相关疑问时，可以要求行政执法人员对取证过程进行说明。

其次，对行政执法过程中制作的调查笔录、谈话笔录、询问笔录等言词证

---

❶ 程绍燕. 行刑衔接廓清——行刑衔接的内涵与外延［J］.河北公安警察职业学院学报，2011（2）.

据，应当予以转化。由于言词证据的可靠性和稳定性较差，需要作为证据使用时，侦查人员应当找到被调查人、谈话人等予以核实并制作核实笔录。具体说来，被调查人、谈话人对行政询问结果认可的，应当制作认可的说明笔录，无需重新制作刑事询问（讯问）笔录，直接用"证据+说明——证据"的转化形式；❶被调查人、谈话人等认为笔录不真实的，公安机关应当重新做笔录，监管机关搜集的证据可作为线索，即"证据——线索——证据"。

第四节　行政机关的专业认定

金融犯罪诉讼中，常常出现一种比较特殊的定案依据：行政机关的专业认定，如在非法吸收公众存款案件中，银监会非法集资处置办公室对某行为是否属于"非法吸收公众存款"或者"变相吸收公众存款"作出的认定；泄露内幕信息案件中，证券监管机构关于某信息是否属于"内幕信息"作出的认定；期货违规交易案件中，中国人民银行对某犯罪工具是否属于"非法期货"的认定，等等。它们也被称为"行政专业认定""行政认定意见"。

可以看出，之所以会出现这种定案依据，主要是源于这些认定内容的"专业性"。金融犯罪具有较高的专业性，其证据会有外行人难以判断的专业内容，对于这些专业信息的认定，诉讼中通常的做法是要求相关行政机关出具专业认定，并把这种认定作为证据使用。

实践中，这种专业认定在金融犯罪诉讼中的适用非常广泛：虽然多出现在非行政机关移送的侦查机关自主立案的案件中，但在行政机关移送立案的案件中也大量存在；当侦查机关、公诉机关和审判机关在某些专业内容的认定上存在分歧时，这种专业认定通常如定性法宝般不可或缺，但即使在某些没有定性争议的案件中，司法机关也习惯将这些专业认定作为判断案件性质的主要依据。这是实践中行刑衔接机制中侦查机关取证的一个特殊环节，既增加了侦查机关的信心又增加了取证的难度，而且这种专业认定的内容、性质和适用条件等问题都缺少相关规定。

---

❶ 郭华. 行政执法与刑事司法衔接机制的立法问题研究——以公安机关的经济犯罪侦查为中心 [J] .犯罪研究，2009（1）.

一、行政专业认定的种类

司法实践中，行政认定并不是一种规范的行政文书，"一行三会"等金融监管机关通常根据不同情况出具不同形式的专业认定意见，有的是简单的认定函，有的是某某情况的说明或是关于某某问题的答复等，没有统一的格式和标准。常见的有以下几种形式。

1. 行政鉴定

即行政机关在行政执法过程中，依据行政机关搜集的证据，基于行政管理职权，对特定的法律事实的性质、状态、质量等进行检验评定的一种专业技术判断。❶如银行在收缴假币工作中对假币作出的鉴定，在票据诈骗中对假票据作出的鉴定。

2. 移送函

行政机关在行政执法中发现了金融违规行为，经审查认为该行为涉嫌刑事犯罪移送给侦查机关，移送时行政机关一般需要出具移送函。通常情况下，这种移送函简单记载了违法行为的专业定性并附上相关证据，这时的移送函就包含了行政机关对违法行为性质、数额等方面的专业认定。

3. 行政处罚决定书

有的案件中，行政机关已经先行作出行政处罚决定，再移送时就会将相关的行政处罚决定书一并抄送侦查机关，这类处罚决定书通常包含行政部门对相关行为的专业认定内容。如汪建中操纵证券市场案件中，证监会对汪建中操纵证券市场的行为进行调查后，作出了行政处罚决定书，而后移交给侦查机关。这里的行政处罚决定书属于书证，证明犯罪嫌疑人的行为是否具有行政违法性。

4. 行政认定意见

当公安机关遇有专业事项需要说明时，通常会要求金融监管机关出具行政认定意见，这种情况大多发生在侦查机关主动立案的金融犯罪中，是最典型的行政专业认定，在下述三种情况中常见：❷

其一，因为现行法律法规规定不明确，由法律、行政法规授权行政机关就特

---

❶ 邵俊武. 论行政鉴定及其司法审查［J］.证据学论坛，2010（0）.

❷ 李薇薇. 行政认定的证据类型及审查判断规则初探——以内幕交易案件为视角的分析［M］.北京：法律出版社，2012.

定事项作出的认定。如《证券法》第75条第八项条款规定，内幕信息还包括"国务院证券监督管理机构认定的对证券交易价格有显著影响的其他重要信息。"

其二，因为现行法律法规规定不明确，导致行政机关与司法机关之间或者公检法机关之间对涉案行为是否具有行政违法存在争议时，要求行政机关就该行为的性质作出认定。如2008年1月最高人民法院、最高人民检察院、公安部、证监会《关于整治非法证券活动有关问题的通知》第2条第四项规定："关于非法证券活动性质的认定……公安机关、司法机关认为需要有关行政主管机关进行性质认定的，行政主管机关应当出具认定意见。"

其三，法律法规虽有规定，但司法机关仍然要求行政机关就案件中的专业性问题出具认定意见，如公安机关要求证监会对内幕信息、内幕信息知情人、价格敏感期出具的认定，这类认定与前两种类型的认定中法律赋予解释职责不同，实践中通常是因为其专业判断的性质而被认为证明力较高，类似于鉴定意见。

在上述行政认定的形式中，第一类与其他专业的技术性鉴定一样，属于鉴定意见；第二类的处罚决定书和第三类移送函本身就是行政机关对于这些行为的行政违法性确认；第四类是最常见的行政认定形式，也是一般狭义的行政认定范围，下文主要讨论的是这种行政认定。

二、行政认定意见在金融犯罪侦查中的使用

金融犯罪案件中，如果案情比较复杂或者定性可能存在争议，侦查机关就会协商行政机关提供专业认定意见，以至于在很多案件中，行政认定已经成为司法认定的前置条件，形成了很大的依赖性。因此，得到行政认定意见业已成为金融犯罪侦查活动的重要任务，也是侦查工作的又一难点。

1. 依赖行政认定的原因分析

实践中，司法机关在金融犯罪中过于依赖行政机关的审查和判断，主要有以下几个原因：

一是金融犯罪作为行政犯的特殊性。刑法理论认为，行政犯总是以首先违反一定的前置行政法规为前提，按照我国刑事立法"定性加定量"的立法模式，只有严重违反行政法规、对社会的危害达到一定严重程度时才被刑法规定为犯罪。[1]既然行政犯罪以行政违法性为基础，那么侦查机关在判断某种行为是否有

---

[1] 张绍谦. 试论行政犯中行政法规与刑事法规的关系——从著作权犯罪的"复制发行"说起 [J].政治与法律，2011（8）.

刑事违法性时，首先需要考虑该行为是否具有行政违法性。而且，行政犯以行政违法为基础，典型反映在我国金融刑事立法中空白罪状的规定，这些条文通常不对犯罪直接描述，而是援引其他行政法规，如"违反……证券交易管理规定""违反外汇交易国家规定"等。这就要求取证中要首先搜集证明该行为是否具有行政违法性的证据，按照罪刑法定原则，某行为是否构成行政犯罪必须以相关行政法规作为前置性的判断依据，这个范畴属于行政机关的认定权限，于是，司法实践中行政违法性认定就被认为是刑事犯罪的前提。

二是金融监管机关作为专业机关的特殊性。如前文提及，在我国的金融犯罪立法体系中，设计了一些兜底条款，如"某某机关认定的其他行为"，既然这些条款的解释权归属于各行政主管机关，那么当案件性质发生争议时，自然需要这些机关出具专业意见。如上文行政认定意见中的前两种分类。

三是金融犯罪作为专业性犯罪的特殊性。金融犯罪的专业性相对较强，其中部分案件案情复杂、性质认定困难。对于侦查部门来讲，缺乏认定的专业能力，客观上需要金融监管机关的认定以帮助侦查人员查明案情、证明待证事实。在汪建中操纵证券市场案中，嫌疑人利用其作为首放公司知名股评人的地位，在荐股之前先购买相关股票，然后将与其购买的股票有关的股评报告和荐股书投放到大量媒体中，以影响投资者的决策，再在股价上涨时抛售其股票，进而获利上亿元。这种"抢帽子"交易中的荐股行为与相关证券股票价格的量价异动之间是否有因果关系、能否构成证券法规定的"操纵"市场的行为，外行确实难以判断，调查取证中，证券管理部门按照《操纵市场认定指引》等行业标准，详细论证了汪建中的行为与相关证券的量价异动之间存在因果关系，并作出确定性的结论。这个认定意见为最终判处汪建中操纵证券市场罪提供了重要证据。可以想象，相关内容的认定属于比较专业的范围，是侦查机关难以作出的；即使侦查机关作出类似结论，在之后的审判中一般也会被认为其专业性较差，证明力小于监管机关的认定意见。

2. 依赖行政认定意见造成的窘境

无论是哪种行政认定的证据形式，都或多或少具有专业判断的性质，这个性质在司法实践中被逐步放大，以至于只要某些案件中涉及专业问题，这些认定都成了"必需品"和"免检品"，这种情况反倒增加了侦查机关的工作量、沟通环节和取证难度，而监管机构也常常是勉为其难地出具认定意见。

（1）侦查机关的窘境

公安机关对行政认定的依赖，有时是侦查机关在定性上需要专业机关的辅助，涉及专业性比较强的案件，只要拿到了这个专业认定，对侦查机关而言就是事半功倍，其他工作就是在数额和情节上的证明，大大提高了工作效率。但也有很多情况，侦查机关并不认为该证据不可或缺，依据现有证据已经可以用常识推理证明"内幕交易"等专业认定内容，但因为实践中形成了这一取证的习惯做法，尤其是考虑到后续公诉机关和审判机关的要求，总是要想方设法从监管机关拿到相应的专业认定，反倒增加了很多不必要的工作和环节。❶尤其是某些情况下，行政机关并不乐意出具这样的认定意见，侦查工作就陷入被动，只能依靠反复沟通、说明、甚至是个人关系敦促金融监管机关作出认定。

（2）金融监管机关的窘境

金融犯罪中，部分案件是由行政监管机关先进行调查而后移交给司法机关的，通常移交函和行政处罚书中已经说明了相关的专业认定内容，如果仍需另外说明，因为行政机关对于这类案件比较熟悉，可以在已知证据的基础上出具相关认定文书，所以一般也会积极配合。但也有部分案件是由公安机关首先介入取证环节的，之后为了查明案情，或者是应检察机关和法院的要求，公安机关才开始与相关行政机关进行案情交流要求其出具专业认定意见；通常只做简单的情况说明，然后以"命题作文"的形式协商行政部门出具行政认定。这种情况下行政部门作出认定的依据并不是直接来源于案件的第一手证据，而是由公安机关加工过的"材料说明"，所以行政机关会担心公安机关提供的认定基础是否真实完整，为了分清责任，很多行政认定文书上就出现了"以上认定意见系根据某公安机关提供的证据材料"等措辞，甚至有的认定文书上会有相应的免责声明。而且，各类行政认定的内容非常简单，害怕"说多错多"，以内幕交易案件为例，多表述为："本案某信息是内幕信息；该内幕信息价格敏感期从某时间起至某时间止；相关犯罪嫌疑人是内幕信息知情人，知悉内幕信息"等，认定书中只有结

---

❶ 2011年2月《中共中央办公厅、国务院办公厅转发国务院法制办等部门<关于加强行政执法与刑事司法衔接工作的意见>的通知》对行政机关出具的文件作了如下表述：其一，行政执法机关在移送案件时已经作出行政处罚决定的，应当将行政处罚决定书一并抄送公安机关、人民检察院；对行政执法机关在执法检查时发现违法行为明显涉嫌犯罪而向公安机关通报的，公安机关经过审查决定立案后，依法提请行政执法机关作出检验、鉴定、认定等协助的，行政执法机关应当予以协助；其二，对案情重大、复杂、疑难，性质难以认定的案件……公安机关、人民检察院可以就案件办理中的专业性问题咨询行政执法机关，受咨询的机关应当认真研究、及时答复。

论，没有认定过程和依据的阐释，以致审判活动中对这类证据几乎无从审查。

三、行政认定意见的性质

行政认定在金融犯罪中的应用非常广泛，甚至成了某些案件的必备证据，但又造成了侦查中的一些负担。那么就需要分析一下行政认定的性质，到底这些行政认定是不是刑事认定的基础，是不是取证活动的必然范围？笔者认为，从刑法理论和证明机制的角度来看，行政专业认定并不是刑事认定的前置条件。

第一，从刑法理论的角度。是否构成行政犯罪，需根据刑法和有关行政法律法规依法认定，并不以行政机关确认其违法性为必经的先决条件。即使刑法里有"空白条款"的规定和相关授权，此规定的认定权利也不必然由行政机关专有。具体理由包括：其一，司法权的本质是裁判权，行政权的本质是管理权，司法权对行政权进行司法审查是应有之义，司法机关应当对行政机关关于行政违法性的认定意见进行实质性的审查，对于犯罪构成要件的判断更应当是由司法权行使。其二，行政认定所依据证据的证据资格、证明标准、证明规则均低于刑事认定，若直接加以认定，则降低了刑事案件的证明要求。❶其三，司法机关较之于行政主体的法律专业化程度更高，尤其是在双方发生对行政违法性理解不一致的情况下，司法机关的判断更为可信。❷

第二，从证明机制的角度。行政认定作为一种证据，是行政机关对某些专业事项的判断，有的是法律规范中空白条款的解释，有的是专业性的认定意见，这些都并非来源于案件的第一手证据，没有不可替代性。专业性的判断意见是由专业人员判断而来的，金融犯罪中，这种判断虽然非外行人所能了解，但也没有进入到专业鉴定意见的范畴，按照证明机制的要求是"就低不就高"，可以通过相关知识的了解进行判断；对于空白条款的解释，如上所述，行政机关的认定的证明力没有必然高于司法机关最终认定的证明力。最明显的表现在于，行政认定作为证据仍然要接受质证，并不必然作为认定案件事实的依据。

行政认定意见不是办理刑事案件的必备证据，这一点在我国的司法实践中也有体现，如2011年2月《中共中央办公厅、国务院办公厅转发国务院法制办等部

---

❶ 张绍谦. 试论行政犯中行政法规与刑事法规的关系——从著作权犯罪的"复制发行"说起 [J]. 政治与法律，2011 (8).

❷ 王崇青. 行政认定不应作为行政犯认定的前置程序 [J]. 中国刑事法杂志，2011 (6).

门<关于加强行政执法与刑事司法衔接工作的意见>的通知》第1条规定："行政执法机关在移送案件时已经作出行政处罚决定的，应当将行政处罚决定书一并抄送公安机关、人民检察院；未作出行政处罚决定的，原则上应当在公安机关决定不予立案或者撤销案件、人民检察院作出不起诉决定、人民法院作出无罪判决或者免予刑事处罚后，再决定是否给予行政处罚。"也就是说，行政执法机关在移送案件时没有作出行政处罚决定的，原则上在刑事案件解决之前无需作出行政处罚决定，而是在生效决定、判决认为不构成犯罪或者免予刑事处罚后再决定是否给予行政处罚。可见，行政处罚并非是刑事追诉的必要前置程序，案件没有经过行政处罚、涉嫌犯罪的，侦查机关、检察机关仍然应当依职权侦查、批捕、起诉。

也正是基于这个原因，2014年《非法集资案件审理意见》中第1条第一款就对行政认定的问题予以规定："行政部门对于非法集资的性质认定，不是非法集资刑事案件进入刑事诉讼程序的必经程序。行政部门未对非法集资作出性质认定的，不影响非法集资刑事案件的侦查、起诉和审判。"该意见首次明确了行政认定的性质，"非必经程序"的界定极大地降低了侦查工作对行政认定的依赖性。但这并不意味着行政认定会失去其存在意义，无论是工作惯性的原因，还是基于专业性事项的认定需求，行政认定在金融犯罪诉讼活动中起着应对专业问题的特殊作用，但是要对其进行正确的定位，正如第1条第二款中所述："公安机关、人民检察院、人民法院应当依法认定案件事实的性质，对于案情复杂、性质认定疑难的案件，可参考有关部门的认定意见，根据案件事实和法律规定作出性质认定。"

四、金融犯罪侦查中行政认定意见的应然定位

正确定位行政认定，主要是分清行政认定与刑事认定之间的关系，《非法集资案件审理意见》中"可参考有关部门的认定意见"的界定，一方面有利于发挥侦查机关的主观能动性，在一些金融专业问题上自主作出认定，避免自身和金融监管机关的窘境，尤其是频繁出现的涉及空白条款解释的某些案件，可以比照类推，而不必每次都要出具行政认定意见；另一方面，也要认识到行政认定只是侦查机关搜集的证据之一，与其他证据并没有本质性的区别，仍然要接受司法裁判权的判断。

当然，关于"专业"认定问题，认定意见的证明力显然与认定人的专业能力相关，虽然都要经过司法权的认定，但监管机构认定人员的专业性通常要高于侦查人员的专业性。应当承认，行政认定意见的存在有其自身价值，当前我国的司法实践中还是需要行政认定意见作为证明案件待证事实的证据之一。

从法源上说，根据行政法的授权，行政主体自然是认定行政违法性的主体，并且由于国家行政管理牵涉面广，调整范围大，涉及方方面面的专业知识，各行政主管部门在认定行政违法时有专业上的较大优势，认定某种行为是否违反行政法是其职责所在。对于金融业务专业性强的问题，根据法律、行政法规的规定，司法机关办理案件可以商请有关行政机关出具认定意见或者委托出具鉴定意见，这有利于司法机关准确适用法律办理案件，有的法规对此也有明确的规定，如《国务院非法金融机构和非法金融业务活动取缔办法》规定："对非法金融机构、非法金融业务活动，由人民银行认定。"笔者认为，行政主管部门有熟悉该行业法律法规的专业优势，在判定某种行为是否违反行政法，特别是在当前融资等经济活动渠道和方式多样、非法与合法界限较难区分的情况下，可以先商请金融监管部门就某些事实作出认定，司法机关审查后决定是否作为证据使用。❶

另外，依据《刑事诉讼法》第144条规定："为了查明案情，需要解决案件中某些专门性问题的时候，应当指派、聘请有专门知识的人进行鉴定。"侦查活动中遇到相关专业问题时，完全可以自主"指派、聘请有专门知识的人"对是否内幕信息，是否敏感期间等专业问题进行鉴定，而不必全然依靠行政机关的专业认定。

---

❶ 李薇薇. 行政认定的证据类型及审查判断规则初探——以内幕交易为视角的分析 [M] . 北京：法律出版社，2012.

第五章　金融犯罪侦查中的
涉案财物处理问题

　　金融犯罪中普遍存在大量的财和物，它们本身就是案件中的重要证据，金融犯罪的侦查活动离不开对这些财物的处理。如何在侦查阶段控制、保管、处理和移交涉案财物，实践中存在很多问题，既有强制处置、随意划拨、私自占用、追赃提成等不合法的现象，又普遍存在查封、扣押和冻结的范围过大，财物保管不利、返还不及时、追赃倦怠等不合理情形。可以说，有关涉案财物控制和处理（赃款赃物追缴）的问题是目前侦查活动中有较多问题的一个环节，究其缘由，法律依据的缺失是直接原因。《刑事诉讼法》及最高人民法院、最高人民检察院和公安部的配套规定都有对涉案财物处理的规定。2009年公安部《公安机关执法细则》中有专门的"处理涉案财物"一节，2010年还专门出台了《公安机关涉案财物管理若干规定》（以下简称《财物管理若干规定》），这些规定是目前对涉案财物处理的主要法律依据，但面对产权归属、物品种类、合法性等非常复杂的涉案财物来讲，这些规定并不足够。于是，各地方公安机关普遍制定了"涉案财物管理办法""追赃机制"等内部实施细则，但整体来讲，法律依据仍然混乱和缺失，涉案财物的处理有很大的随意性。2012年《中华人民共和国刑事诉讼法》（以下简称《刑事诉讼法》）对涉案财物管理的相关条款增多，修正了"查封、扣押"的用词，扩大了股票、基金等金融资产的冻结范畴，明确了返还的原则和期限，等等，随后出台的《最高人民法院关于适用<中华人民共和国刑事诉讼法>的解释》（以下简称《<刑诉法>解释》）、最高检《人民检察院刑事诉讼规则（试行）》和公安部《公安机关办理刑事案件程序规定》（以下简称《公安机关程序规定》）也有相应修改，为涉案财物的处理提供了更有效力的法律依据，但从其内容上看，大多数是原有规范的延续，实践中的很多难题仍然难以从中找到解决方案。

　　实际上，法律规定不够明确和充分，大部分源于财物处理工作的本质特点。金融犯罪中，涉案财物的情况相对比较复杂，而且要考虑金融犯罪诉讼期间长、被害人权益保护、处理权限等一系列问题，要求法律有明确对应的规定也是不可能的。所以，关于涉案财物的处理，在解决"合法性"问题之后，就要重视财物处理的合理性，既需要借助社会综合效应、成本收益的经济性、现代侦查理念等刑事政策的内容予以调整，又需要用《物权法》等民事法律规范解决侦查阶段物品拍卖的决定权、善意取得等相关问题。

可见，讨论金融犯罪侦查活动中的涉案财物处理问题，如果要全面分析侦查现状、法律规定及其缺失之处、金融犯罪涉案财物的特点等，会形成一个非常庞杂的体系。本书对这些问题进行简化，主要是在现有法律规定的基础上，从应然的角度探讨涉案财物处理的原则、控制的范围、保管的方法、财物的返还等主要问题。

第一节　涉案财物概述

金融犯罪多以获取非法经济利益及非法占有他人财物为目的，因此在金融犯罪案件侦查中，犯罪嫌疑人所获取的非法经济利益、非法占有的他人财物，以及其他与犯罪行为和犯罪事实有关的财物，都是案件的重要证据，可以对案件起证明作用；同时，对其予以控制和收缴也是保护被害人、打击犯罪的重要措施。

刑事诉讼中涉及的财物概念，主要有涉案财物、赃款赃物、被害人损失及扣押冻结之财物等，本书采用"涉案财物"的界定；侦查阶段对涉案财物采取的措施，主要包括侦查初期的涉案财物控制、侦查活动中的保管财物及特殊情况下的涉案财物处理问题，本书统称为涉案财物处理问题。

一、涉案财物的概念

"涉案财物"，顾名思义，是指与犯罪案件有关的某些财物，它并非一个法定的概念，以往只在一些司法解释和规范性法律文件中出现，如2010年《财物管理若干规定》❶、2010年《人民检察院扣押、冻结涉案款物工作规定》等，2012

---

❶ 2010年《财物管理若干规定》第2条："本规定所称涉案财物，是指公安机关在办理行政案件和刑事案件过程中，依法以扣押、查封、冻结、扣留、调取、先行登记保存、抽样取证、追缴、收缴等方式提取或者固定的与案件有关、需要作为证据使用的物品和文件，包括：（一）违法犯罪所得及其孳息；（二）用于实施违法犯罪行为的工具；（三）其他可以证明违法犯罪行为发生、违法犯罪行为情节轻重的物品和文件。"
2010年《人民检察院扣押、冻结涉案款物工作规定》第2条："本规定所称扣押、冻结的涉案款物，是指人民检察院在依法行使检察权过程中扣押、冻结的违法所得、与犯罪有关的款物、作案工具和非法持有的违禁品等。犯罪嫌疑人、被告人实施违法犯罪行为所取得的财物及其孳息属于违法所得。"

年《刑事诉讼法》首次使用了相关概念，第280条规定："对于贪污贿赂犯罪、恐怖活动犯罪等重大犯罪案件，犯罪嫌疑人、被告人逃匿，在通缉一年后不能到案，或者犯罪嫌疑人、被告人死亡，依照刑法规定应当追缴其违法所得及其他涉案财产的。"从性质上看，"涉案财物"的称谓主要针对于侦查机关在侦查阶段对案件财物采取的各种控制和处理措施。从范围上看，主要包括三类：（1）违法犯罪所得及其孳息；（2）用于实施违法犯罪行为的工具；（3）其他可以证明违法犯罪行为发生、违法犯罪行为情节轻重的物品和文件。本书使用涉案财物的概念，主要是把它与"赃款赃物"进行性质上的区别，控制涉案财物用于侦查阶段，主要取其"非终局性"的概念，即是否真的与案件相关，性质未定，在案件发展的不同阶段可以由有权机关对其作出相应处理。

二、涉案财物的范围

依据《财物管理若干规定》第2条的规定，涉案财物主要包括以下三类：

第一，违法所得（及其孳息）。我国《刑法》和司法解释尚未对"违法所得"的概念作出明确的规定，《日本刑法典》第19条将其规定为"犯罪行为所产生或者因犯罪行为获得之物，以及作为犯罪行为的报酬所得之物"。可见，违法所得指的是行为人通过违法活动所得到的财物，包括三部分，一是犯罪嫌疑人通过违法犯罪行为所取得之财物，即实施犯罪之前该财物就已存在，犯罪嫌疑人通过实施违法犯罪行为使其变为己有。例如金融诈骗类犯罪中犯罪嫌疑人通过诈骗行为非法占有的他人财物。二是作为实施违法犯罪行为的报酬所取得的财物，例如非法提供信用卡信息所获报酬。三是前两种财物的孳息，包括法定孳息和天然孳息。

结合金融犯罪，其违法所得（及其孳息）具有以下两方面的属性，其一，来源的违法性，依据该特征，可将违法所得与犯罪嫌疑人的合法财产区分开来，这在侦查活动中具有重要意义，犯罪嫌疑人的个人合法财产与犯罪无关，如果将其作为涉案财物予以查封、扣押、冻结，不仅违反了《刑事诉讼法》关于涉案财物的规定，也侵犯了犯罪嫌疑人合法的财产权利；其二，表现形式的物质性，尽管某些犯罪嫌疑人实施犯罪行为所得到的报酬可能是"提供工作岗位"等非物质性利益，但这种非物质性利益在计算违法所得数额时缺乏可操作性，而且在金融犯罪中并不典型，不予考虑。

在金融犯罪中，财物表现形式的物质性很有特点。金融犯罪中违法所得的初始形态，除了假币和违法出具票据等背信犯罪的犯罪行为与违法收益不是同时出现外，大多都表现为现金和金融资产等"财"的形式，极少表现为物。嫌疑人得到这些"财"后，有可能购买为"物"，即违法所得在侦查活动启动时已转换为物，但很多还是保持以"财"的形式，包括大量的证券、期货等金融资产的形式。

第二，用于实施违法犯罪行为的工具。犯罪工具，指犯罪分子进行犯罪活动所用的一切器械物品，金融犯罪中可以表现为作为犯罪工具的银行卡、电脑等一般工具，也包括假币类犯罪中的假币、信用卡犯罪中的自制空白卡片和读卡机等违禁品。

第三，其他可以证明违法犯罪行为发生、违法犯罪行为情节轻重的物品和文件，如集资款项的记账本等。

金融犯罪中的涉案财物，除了有实在价值的"财"和"物"，还包括假币、空白信用卡等犯罪工具，它们都"与案件有关"，是侦查活动的取证对象。本章讨论涉案财物，重点是涉案财物的控制范围、保管方式和处理条件等，假币等物品在这方面的情况相对简单，为行文方便，本章的讨论范围主要是指有实在价值的财和物，即"违法所得及其他涉案财产"。

在金融犯罪的领域讨论"涉案财物"与"违法所得"，有一个特别的现象容易导致实务中的理解偏差。以高利转贷罪为例，如果嫌疑人的转贷数额是150万元，违法所得是30万元，犯罪行为全部完成后存放于两个账户，该罪名以"违法所得数额"作为定罪量刑的标准，侦查中查封账户时，作为违法所得应该控制的部分是30万元，应冻结该账户，另外一个账户是否应冻结？依据是什么？实践中，侦查机关都知道要对这两个账户进行冻结，两者都是涉案财产，但需区分，其中30万元的账户是违法所得，150万元的账户可以类比于走私普通货物中的货物，作为犯罪使用之物予以冻结，不涉及违法所得的问题。之所以会有这种情况，主要是因为很多金融犯罪是属于以资金流转或资金交易增值为犯罪方法的，违法所得与其他作为犯罪工具的资金融合在一起，虽然都是涉案财物，但涉案财物和违法所得有本质性的差别，一般称之为"违法所得及其他涉案财产"。当然，也有很多情况，如金融诈骗罪中，违法所得与涉案财物的范围是基本一致的。

三、与涉案财物相关的几个概念

本书使用"涉案财物"的概念，主要是从侦查阶段出发，即"与案件有关"，并结合实践中的习惯用法界定其范围，采取比较广泛的界定，与这个范畴相关的，还有"赃款赃物""被害人损失""财产刑"等概念。

1. 涉案财物与赃款赃物

赃款赃物的概念在刑事法律规定中有不同的表述❶，本书以侦查活动为视角，所以采用刑事诉讼法律中对赃款赃物的界定，即被法院认定其违法属性的物品，包括违法所得、供犯罪所用之物及违禁品。

与涉案财物的概念相比，两者在性质和范围上有所不同。第一，从性质上看，赃款赃物的概念有明显的"定性"问题，即确定是由非法活动取得的物品，所以判决生效前扣押的财物还不能笼统称为赃款赃物。这一区别明显地体现在《刑事诉讼法》相关法条的表述上，对于与案件有关的财物，《刑事诉讼法》第234条第四款"人民法院作出的判决生效以后"，就改用"赃款赃物"一词代替第一、二、三款中"查封、扣押、冻结的财物及其孳息"进行表述；《刑事诉讼法》第12条明确规定："未经人民法院依法判决，对任何人都不得确定有罪。"同样的，只有经人民法院裁判认定与犯罪行为有关的财物才算是真正意义上的赃款赃物，这是由现代法治社会的司法权力体系结构所决定的，也是罪刑法定原则的内在要求，对于规范涉案财物的处理程序及追缴赃款赃物的程序性、合法性都有重要意义。第二，从范围上来看，在侦查初期控制涉案财物的时候，侦查人员一般不能精确辨别财物的属性，有时范围可能稍大，包含了犯罪嫌疑人的合法财产；有时范围可能偏小，没有能够及时查证嫌疑人的全部非法财产。

但在实务操作中，两者又有一定的联系。从性质上看，控制涉案财物是追缴赃款赃物的基础，没有侦查阶段的相关措施，就不可能顺利完成案件定性后的追缴工作；从范围上看，虽然有时涉案财物的范围偏大，包括了嫌疑人及其家属、

---

❶《刑法》第 64 条并未使用"赃款赃物"四字，而是表述为"违法所得的一切财物"、"违禁品"及"供犯罪所用的本人财物"等；《刑法》第 383 条"贪污罪"中使用了"退赃"一词，这里的赃，应指赃款赃物，其含义等同于刑法第 64 条的违法所得。与刑法相比，刑事诉讼法律中"赃款赃物"的使用频率高出许多。如《刑事诉讼法》第234条使用了"赃款赃物"一词；六部委《关于刑事诉讼法实施中若干问题的规定》中也专节规定了"赃款赃物"的处理；《<刑诉法>解释》中亦使用了"退赃"一词。我国刑事诉讼法律中的赃款赃物，包括违法所得、供犯罪所用之物及违禁品。

企业的合法财产，或者因为嫌疑人的挥霍和转移未能及时控制，但这大都源于实践中的客观问题，不可能在侦查初期就准确把握。实际上，侦查部门一般笼统地把侦查活动中的财物控制措施称为"追缴赃款赃物"，本书在论及追缴违法所得问题时，控制涉案财物和追缴赃款赃物是可以互换的；也就是说，侦查阶段确定控制涉案财物的范围，是以"赃款赃物"的范围为基本界限的，这也符合与案件有关的取证要求的范围界定。

2. 涉案财物与被害人损失

金融犯罪中，破坏金融管理秩序的犯罪一般没有明确的被害人，对国家的外汇管理制度和金融交易制度的损害无法衡量，一般不涉及具体计算被害人损失的问题；而各类金融诈骗和骗取贷款罪等破坏金融秩序的犯罪中，通常都有明确的受害人和确定的财物受损数字，被害人损失的补偿就成为衡量诉讼活动综合效应的重要指标。

从逻辑上来看，被害人失去的财物应该与犯罪人得到的收益有数量上的对等关系，控制涉案财物追缴了赃款赃物，被害人的损失就可以得到补偿，但其实两者之间数量经常是不对等的，除了犯罪嫌疑人因为挥霍或转移而导致的财物追缴不能，实践中还存在一些特殊情况。

第一，犯罪嫌疑人的"得"与被害人的"失"不对应。诈骗罪以非法占有他人财物为目的，通常情况下犯罪行为人的所得即为被害人所损失的财物，二者具有一定的对等性，但因为交易成本等多方面的损耗，通常嫌疑人所得少于被害人所失。而且在破坏金融管理秩序犯罪案件中，不对等的情况经常发生，如操纵股市内幕交易等证券犯罪中，因为买方和卖方都有众多交易主体，且缺乏对应性，被害人的损失和犯罪人的收益并不对等也无法准确量化，一般也不存在受害人的损失赔偿问题。

第二，违法所得的"孳息"。关于赃物所产生孳息的归属问题，目前理论界有两种观点：一是主张孳息非犯罪行为直接所得之物，与犯罪行为无直接关系，不应视为违法所得而予以没收；❶二是主张物之天然孳息应视为原物自然增加的价值，既然没收违法所得的目的在于不使犯人因犯罪而有所得利，那么应视为违

---

❶ 柯庆贤. 刑法专题研究［M］. 台北：三民书局，1998. "没收因犯罪所得之物，指以该物与犯罪直接关系者为限。换言之，亦即指由于犯罪而直接所得之物为限。并不包含利用该物而间接所得之物。"

法所得而予以没收。❶我国通常的做法是只返还损失财物，而不计算孳息。实际上，依据"任何人不得从犯罪中得利"的原则，以及为被害人最大限度地挽回损失的考量，应当将赃款、赃物所生孳息物一并计入被害人损失，返还被害人。

第三，违法所得的价值减损。这是指被追缴时违法所得物品的价值低于犯罪行为发生时之价值的情况。在市场经济条件下，违法所得物品的市场价值可能因时间变化而出现增减，比如汽车、手机数码产品等，即使未加使用，一段时间后其价值也会发生减损。《德国刑法典》第73条规定："如被追缴的物品的价值低于最初的取得物的价值，法院除命令追缴该物外，还可命令追缴差价。"我国立法中对此尚未作出规定，在司法实践中，通常仅将追缴时的财物返还被害人，未考虑赃款赃物价值减损的情况。

第四，犯罪嫌疑人的转移和挥霍。这是涉案财物控制中经常出现的一个问题，因为嫌疑人的挥霍和转移，导致侦查机关控制涉案财物时，可控制的财物数目小于被害人的损失。这种情况下，一是可以通过法院的判决"继续追缴"，二是可以经由刑事附带民事诉讼程序由被告人的合法财产予以赔偿。2012年《刑事诉讼法》第100条新增了刑事诉讼中关于财产保全的规定："人民法院在必要的时候，可以采取保全措施，查封、扣押或者冻结被告人的财产。附带民事诉讼原告人或者人民检察院可以申请人民法院采取保全措施。人民法院采取保全措施，适用民事诉讼法的有关规定。"

侦查阶段控制涉案财物的重要目的之一就是为了补偿被害人的损失，法律也明确规定侦查阶段对产权明晰的应"及时返还"，这成为涉案财产处理中一个很重要的环节。

3. 涉案财物与财产刑

我国的财产刑包括罚金和没收财产，这两者在金融犯罪的刑罚中都有体现。收缴赃款赃物与财产刑虽然都涉及对犯罪嫌疑人、被告人财产的剥夺，但二者有明显的区别，以罚金为例予以说明：

第一，性质不同。罚金是一种刑罚，本质上是对犯罪行为的否定评价及对犯罪分子的制裁；控制涉案财物是刑事诉讼过程中对涉案财物的一种强制处理措施，具有搜集证据、查明犯罪事实及挽回被害人损失的意义。

---

❶ 洪福增. 刑法之理论与实践［M］.台北：五南图书出版公司，1987."以没收因犯罪所得物之主旨，在不使犯人因犯罪而有利得。故虽由于事后之情形而增加其物之价值者，亦得没收之。"

第二，发生的阶段不同。罚金发生在审判阶段判决宣告后，且仅有人民法院有权对适用罚金刑作出判决；控制涉案财物则主要发生在侦查阶段。

第三，针对的财产不同。罚金刑适用于被告人自己的合法财产；涉案财物则是犯罪嫌疑人、被告人的违法犯罪所得及其孳息，这部分财产并非犯罪嫌疑人的合法财产。

第四，处理顺序不同。当被告人同时存在罚金和追缴赃款赃物（涉案财物审判后通常成为赃款赃物）两种需处理的财产时，通常顺序是先将赃款赃物返还被害人，再执行罚金等财产刑。

可以看出，控制涉案财物是侦查阶段针对"违法所得及其他财产"的一种以保障诉讼活动顺利进行为目的的侦查措施，而罚金是审后判处对"合法财产"剥夺的一种惩罚性的刑罚，两者大相径庭。从法理上来说，控制涉案财物以"违法所得及其他涉案财产"为限，即使违法所得已被转移或挥霍，也不应控制明显属于合法范畴的财物，但实践中，两者却有着微妙的关系，表现为罚金的执行数目往往与涉案财物的控制金额有关。

金融犯罪领域内，如果嫌疑人涉嫌转移财产、挥霍等行为致使案发时能合理控制的非法财产小于犯罪违法所得的金额，之后的判决通常会注明"继续追缴"；金融犯罪中的还多规定了"罚金或没收财产"的财产刑，很多案件的被告人也会被判处财产刑。实际上，我国司法实践中继续追缴的可能性微乎其微，如果审判后还有被控制的被告人合法财产，那这些财产自然就用于返还被害人或支付财产刑。[1]从逻辑上看来，这样实现了对嫌疑人、被告人的惩罚，而且罚金的范围本就是"合法财产"，也没有定性的错误，用这种方式执行罚金完全没有问题。但这也必然会导致侦查中的乱象：对嫌疑人财产进行控制时，不区分合法和非法财产，采用一刀切的方式，还美其名曰"为了执行被害人的损失赔偿"；再扩大化一些，就是侦查机关对可能判处财产刑的犯罪，都可以在侦查阶段多控制合法财物以备后用。

2012年《<刑诉法>解释》第369条规定："查封、扣押、冻结的财物属于被告人合法所有的，应当在赔偿被害人损失、执行财产刑后及时返还被告人；财物未随案移送的，应当通知查封、扣押、冻结机关将赔偿被害人损失、执行财产刑的部分移送人民法院。"从保护被害人利益和执行财产刑的角度，这个规定自然

---

❶ 有的判决中，会在财产刑的数目上考虑未被追缴的违法所得。

是合理的，罚金和被害人的损失可以由合法财产支付，这个做法免去了追缴罚金的麻烦，也免去了被害人提起附带民事诉讼的麻烦，提高诉讼效率；但将这个规则反推适用，必然会鼓励侦查人员在查封、扣押、冻结财物时不注意区分合法财产与非法财产，全部予以查封、扣押和冻结的做法，认为这可以算作保障财产刑能够执行的"财产保全"，这显然是混淆了"合法财产"与"非法财产"的界限。

第二节　金融犯罪侦查中涉案财物处理的意义和原则

一、涉案财物处理的意义

涉案财物兼具作为刑事诉讼中的证据这一刑事诉讼职能与挽回被害人损失这一民事赔偿功能，控制和处理涉案财物在金融犯罪侦查中有重要的意义。

第一，财物本身及其流转过程是案件的重要证据。金融犯罪行为大多都是围绕着各类金融交易和金融资产进行的，控制涉案财物并且查清其来龙去脉，基本就可查清案件的重要事实并对案件定性。如集资诈骗案件侦查中，了解被害人为何及如何把钱给了集资者，可以判断嫌疑人是否有欺诈行为；掌握集资财物的去处，如是否挥霍、是否从事非法经营活动等，可以判断嫌疑人是否有归还的意图和能力。如高利转贷罪，贷款发放之后的流转路径，可以证明是否有转贷的行为，犯罪嫌疑人因为转贷而收取的利润，又是定罪量刑中证明"违法所得"的重要证据。

第二，财物是侦查活动的重要线索。金融犯罪的嫌疑人多以非法利益的获取为目的，且利润存在的过程形式和最终形式中总会有各种类型的金融资产。通过对涉案财物的了解、掌握和控制，以物找人、由物诱人，对于查证案件事实、抓捕嫌疑人都是一个重要的线索；同时涉案财物也能为讯问阶段对犯罪嫌疑人展开攻心策略、促其主动认罪奠定基础。

第三，有效惩治犯罪。侦查初期及时控制涉案财物，可以防止嫌疑人转移财产；整个诉讼活动中追缴赃款赃物，也是为了有效的惩治犯罪。金融犯罪案件侦查中，赃款、赃物的追缴比例非常低，常有"案子破了，人抓了，赃款没了"的现象，而很多时候赃款并不是真的没了，只是被转移了而已，甚至嫌疑人出狱后还可以继续使用，这显然是惩治金融犯罪的一个软肋。

第四，补偿被害人损失。这是有效惩治犯罪的另一个方面，及时合理地控制赃款赃物，防止违法所得的转移，可以有效补偿被害人的损失，这是金融犯罪案件中被害人的首要诉求，"被害人保护"的现代司法原则，必然要求重视被害人利益，这是评价金融犯罪侦查活动综合效应的重要考量指标。

二、涉案财物处理的原则

根据侦查活动的本质属性、现代法治精神、诉讼效益和成本等基本理念，笔者总结了处理涉案财物应遵守的及时、合法和效益原则，这应该是贯彻整个涉案财物控制、保管和处理阶段的基本原则。涉案财物的处理，是侦查工作中相当复杂的一个环节，其本质属性决定了刑事法律规范不可能对其有完美的规定，加之我国目前法律规定的缺失、不足和执行情况差等原因，造成了司法实践中比较混乱的处理现状。这种情况下，合理地处理涉案财物，除了法律规定，还需要依据其他的诉讼效应制定相应的行为准则。关于上述三个原则的具体内容，本书在此处只做简单的介绍，结合金融犯罪侦查活动中的财物处理，它们在不同环节的体现略有偏重，后文详述。

第一，及时原则。快速及时是侦查活动的基本原则，在涉案财物的处理方面，具体体现为及时控制涉案财物（及时追缴赃款赃物）、界定合法财产后及时退还嫌疑人及其家属、查明权属后要及时返还被害人等。

第二，合法原则。就目前的情况来看，我国对涉案财物的控制比较混乱。由于涉案财物多种多样、侦查期间较长、被害人损失急需得到补偿等原因，使得一些法律规定并不适合案件的具体情况，各地方只能依据长期的工作习惯和内部办法进行财物处理，带有很大的随意性，而且处理过程不公开透明，可能损害诉讼参与人的相关权利。涉案财物的控制和处理过程，涉及查封、扣押、冻结、拍卖等措施，严格来讲属于对物的强制，是一种比较严格的侦查手段，必须要依据具有较高效力的法律规范，遵循合法原则；具体包括处理范围合法、处理措施合法、处理程序合法等内容。但也必须说明，对于非常复杂的涉案财物处理情况来说，很多环节不可能有明确且准确的规定，如控制财产的范围、易变质物品的具体范畴、善意取得的具体标准等，都要根据实际的情况由侦查人员进行判断。但无论怎么具体适用，都不应该超出法律规定的基本范畴。

第三，保障证据证明力的原则。金融犯罪中的涉案财物是证明案件事实的重要证据，侦查中的相关活动应以保证其证明力为原则，如控制涉案财物时应考虑控制范围是否包括了所有与案件有关的财物，保管涉案财物时应考虑保管方式是否有损于财物的证据信息，处理涉案财物之前应保证其相关的证明价值已借助照相等其他方式固定。

第四，民事权利保护原则。财物的归属，涉及犯罪嫌疑人、被害人和善意取得第三人的民事权利保护，如何在涉案财物处理中最大化地保护相关人员的民事权利，并且在被害人与嫌疑人、被害人与善意取得第三人的合法利益互相冲突时，如何平衡不同的利益，是需要重点考量的问题。

第五，效益最大化原则。其实，对于具体的处理措施而言，不仅要合法，还要"合理"，这是宽严相济刑事政策在财物控制方面的一个体现。合理处理金融犯罪中涉及的财物，就是要考虑经济效益的原则，实现"效益最大化"。具体来说，是指在涉案财物的保管、处理和追缴等各个环节，都应以避免其价值贬损、实现其价值最大化为宗旨和目标，具体到金融犯罪中的财物，一般体现为金融资产和实物资产的"资产最大化"。

在涉案财物处理中体现经济效益最大化的意义在于：第一，符合整体的社会效应。避免浪费是经济生活的基本要求，在刑事诉讼领域，也应该秉承这一原则，避免资产的无意义损耗。第二，有利于保护被害人的权益。金融诈骗类犯罪中，被害人往往财产损失数额巨大，最大限度地将犯罪嫌疑人的违法所得返还被害人，弥补其财产损失，不仅是此类案件处理结果中被害人最关心的问题，也是诉讼本身社会效益的体现。第三，有利于保护嫌疑人的权利。金融犯罪嫌疑人的收益一般是以现金、存款等"财"的形式体现的，定罪数额不涉及财物损耗的问题，但嫌疑人得到"财"后可能把它转化为"物"，这时物的价值就与案件定性及对被告人定罪量刑直接相关，如《非法集资案件审理解释》第3条规定："非法吸收或者变相吸收公众存款……能够及时清退所吸收资金，可以免予刑事处罚；情节显著轻微的，不作为犯罪处理。""非法吸收或者变相吸收公众存款的数额……案发前后已归还的数额，可以作为量刑情节酌情考虑。"统一适用这一原则，不仅有助于各项不够细化的规定得到正确执行，也是评价侦查机关对涉案财物处理合理性的重要标准。

第三节　金融犯罪侦查中的涉案财物控制

金融犯罪案件的侦查工作开始后，任务之一就是控制涉案财物，主要表现为对涉案财物进行查封、扣押和冻结等措施，这是保障财物的证据意义、实体惩罚和补偿功能的基础，也是后续财物保管和财物处理的基础。

一、及时控制涉案财物

侦查初期的及时控制，主要是为了获取证据、防止嫌疑人转移财产。金融犯罪涉案财物中的"财"的比例较大，多体现为存款、股票、基金等金融资产的形式，这就更凸显了及时原则的必要性。与现金不同，金融资产多以电子数字资产的形式存在，转移起来快捷迅速，嫌疑人只要稍有时间就可以利用网络完成资产的转移。对侦查活动而言，从接到报案到获取证据间隔的时间越长，证据流失的可能性就越大，获取证据的可能性就越小。而且，金融犯罪活动往往与日常经营活动、账户资金业务往来等正常经济活动紧密联系甚至同时发生，涉案财物极易被湮没在其他合法财物之中，或者被人为地加以掩盖或销毁，需要及时对其进行控制。另外，金融犯罪的案发时间有滞后性，彻底暴露的时间较长，容易导致查获涉案财物的最有利时机流失。为了保证及时快速控制涉案财物，应该做到以下几点：

第一，培养侦查人员的控赃意识和控赃水平。首先，侦查人员应具有积极侦查的意识，有的金融犯罪没有明显的危害后果，也没有被害人的敦促压力，而且由于犯罪的专业性，侦查期间通常较长，形成了金融犯罪侦查中相对拖沓的情况。对于财物控制部分，侦查人员应迅速作出决策，积极展开讯问、搜查等侦查工作；其次，由于金融犯罪案件侦查涉及的知识领域宽，有效地开展侦查活动、及时确定控制财物的范围，需要侦查人员了解相关的金融、财会、证券等经济专业知识，既要懂法律、懂经济，也要懂侦查。

第二，健全信息情报搜集机制。金融犯罪从作案到被害人报案的间隔时间较长，容易使侦查人员错过追缴涉案财物的最佳时机。而且这段间隔时间也给犯罪嫌疑人提供了充裕的转移赃款赃物的时间条件，使追缴涉案财物更为困难。对此，需要重视涉案财物的情报搜集意识，集思广益，寻找可能的信息来源，并加强同相关金融机构、工商、房产登记等政府部门的情报共享合作，查处犯罪人有关的金融资产、企业资产和不动产等资产。

二、合法（合理）确定控制范围

对涉案财物的处理，严格来讲属于对"财物"的强制措施，是一种比较严格的侦查措施，必须要符合法律规定。《刑事诉讼法》第139条规定："在侦查活动中发现的可用以证明犯罪嫌疑人有罪或者无罪的各种财物、文件，应当查封、扣押；与案件无关的财物、文件，不得查封、扣押。"落实于侦查活动的具体措施，控制的范围应以"可能的赃款赃物"为主，不得控制犯罪嫌疑人、家属及其经营企业的"合法财产"。

1. 控制范围的合法与合理

按照法律规定，控制范围的合法性应当以"是否与案件有关"为标准，具体到财物方面，主要是"合法财产"与"违法所得及其他涉案财产"的区别。实际上，这个界限非常难把握，所以导致执行中的偏差较大。对于案情简单、赃款赃物数额清晰的案件，确定控制范围相对简单，但金融犯罪中，很多案件情节复杂，案发时间长，嫌疑人进行各种经营、买卖、划拨、转移资产等行为，致使常会出现一些混杂不清的状况。有时嫌疑人的合法资产与非法资产混杂在一起，难以分辨，有时嫌疑人的资产与其家属或企业的资产混杂在一起，有时资产被第三人善意取得，有时嫌疑人因资产转移而表现为零资产的状态，等等；这些状况时有发生，增加了涉案财物的界定难度。在有资产可执行的情况下，侦查人员通常会采用"宜大不宜小"的原则，即比照可能的赃款赃物数目扩大范围。

侦查阶段控制涉案财物，涉及违法所得的孳息计算、返还被害人及财物转移等多种问题，在范围不能明确的情况下，为防止嫌疑人及其亲属的资产转移等情况，初始的控制范围稍大比较符合侦查阶段的性质，可以避免后续无资产可查的侦查被动。但也必须明确，当有可能区分"稍大"和"超出合理范围的太大"时，如信用卡诈骗罪中有通常有明确的数额，就不适宜用一刀切的过于粗糙的执法。

另外，公安机关不应该以《〈刑诉法〉解释》第369条的规定为依据，以"返还被害人"和"执行财产刑"为理由，在控制财物时明显扩大范围，查封、扣押、冻结嫌疑人的合法财产。公安机关控制涉案财物，是行使侦查权，其目的是为了取得证据和保障后续赃款赃物的追缴，是一种程序性的措施，其控制范围只能是"违法所得及其他财产"；被害人的损失如果不能在涉案财物中得以弥补，可以提起刑事附带民事诉讼，利用"财产保全"的方法保障其合法权益，而不能

依赖于侦查阶段多扣合法财产。对于财产刑的执行来说更是如此，如果公安机关合法合理控制的涉案财物最终查明与案件无关，属于合法财产，审判机关可以用以支付罚金，但公安机关不能以此为由多扣财产。

2. 金融资产的控制

与控制范围有关的另一个概念，是控制对象的范围。《刑事诉讼法》第142条对查询、冻结的财产范围，在原有的"存款、汇款"的基础上，添加了"债券、股票、基金份额等财产"，为金融资产的控制提供了较高级别的法律依据。

这类金融资产具有财物控制上的特别之处：第一，存在形态方面呈现电子化，不同于一般财物需要特别的存储空间；第二，在资产数额方面不同于现金和存款，价值相对浮动，涉及出售时机问题；第三，冻结和分割方式上，一个账户中同时有合法财产和非法财产，只能是全部冻结，但应当允许其出售合法部分。这种方式，虽然与存款、汇款相似，但是合法的存款汇款可以用划拨方式予以退还。证券、基金等金融资产一不可随意开立账户，二不能账户间划拨，所以需有特别的控制方式。

以某内幕交易案为例，犯罪嫌疑人用100万元人民币用于内幕交易，获利25万元，资产在案发时全部存于证券账户，账户中有敏感信息证券，也有其他购买时间早于内幕交易的非敏感信息证券，嫌疑人是否有权卖出其非敏感信息证券？这种情况，并不属于2012年公安部的《公安机关程序规定》第237条的"申请权利"❶，因为这些证券购买与涉案资产无关，只是因为物理性质的原因不可分割而被冻结，是属于嫌疑人的合法财产。但这种财产与银行存款等价值变动不大的资产情况不同，它们涉及价格变动问题，需要及时处理；与传统的房产等不可分割的情况也不同，虽然在同一账号需要一起冻结，但分割操作简单。这个案例中，犯罪嫌疑人有权决定买卖其合法财产，而非"申请"买卖，除非存在"涉及其他内幕交易"等因素，否则侦查机关应该同意。

3. 善意取得的认定

涉案财物处理中，有时会遇到违法所得已被善意第三人取得的情形。对于赃款赃物的善意取得问题，我国长期以来一直持肯定态度，认可善意第三人的相关权利，如最高人民法院1996年颁布的《诈骗案件解释》第11条规定："行为人将

---

❶《公安机关程序规定》第237条：对冻结的债券、股票、基金份额等财产，应当告知当事人或者其法定代理人、委托代理人有权申请出售。

诈骗财物已用于归还个人欠款、货款或者其他经济活动的，如果对方明知是诈骗财物而收取，属恶意取得，应当一律予以追缴；如确属善意取得，则不再追缴。"❶实践中，"明知是诈骗财物"的证明较难，所以大多数通过正常手续转移的财物都以"善意取得"的方式被认可，一定程度上纵容了犯罪者恶意转移财物的行为，也不利于被害人的权利保护，所以实务界和理论界都对赃物的善意取得制度诟病已久，侦查实践中的做法也不统一。《非法集资案件审理意见》中的解释对此稍有改善，除"明知"外，扩大了依法追缴的范围："将非法吸收的资金及其转换财物用于清偿债务或者转让给他人，有下列情形之一的，应当依法追缴：（一）他人明知是上述资金及财物而收取的；（二）他人无偿取得上述资金及财物的；（三）他人以明显低于市场的价格取得上述资金及财物的；（四）他人取得上述资金及财物系源于非法债务或者违法犯罪活动的；（五）其他依法应当追缴的情形。"但这个规定并没有实质上的进展，实践中，如果不是有确切的证据证明确属恶意，通常都按照善意取得予以认定。

　　善意取得的认定问题，涉及第三人和被害人之间权利保护的平衡，侦查人员在确定控制范围时应谨慎对待"善意取得"的问题。第一，需要加强"善意取得"的认定。不能把所有与案件无直接关系的所有权人都简单认定为善意第三人，要依据赃物的相关规定和"明知"的认定，仔细查证其与犯罪嫌疑人的关系及相关的物品买卖手续。第二，要谨慎对待赃物的善意取得制度。目前很多学者都认为，赃物的善意取得制度可以参照《物权法》中遗失物的相关规定。根据我国《物权法》第107条规定："所有权人或者其他权利人有权追回遗失物。该遗失物通过转让被他人占有的，权利人有权向无处分权人请求损害赔偿，或者自知道或者应当知道受让人之日起2年内向受让人请求返还原物，但受让人通过拍卖或者向具有经营资格的经营者购得该遗失物的，权利人请求返还原物时应当支付受让人所付的费用。权利人向受让人支付所付费用后，有权向无处分权人追偿。"❷遗失物是指动产的所有人、占有人因主观上疏忽或自然原因致失落它处而失去控制的物品，在性质上也与赃物相似，在今后的赃物善意取得民法制度规范

---

❶ 另有1997年1月9日公安部颁布《关于办理利用经济合同诈骗案件有关问题的通知》规定："行为人将诈骗财物已用于归还债务、货款或者其他经济活动的，如果对方明知是诈骗财物而收取，属恶意取得，应当一律予以追缴；如确属善意取得，则不再追缴。被害人因此遭受损失的，可依法提起附带民事诉讼解决。"

❷ 实际上，2005年《物权法草案三审稿》第112条对赃物和遗失物的善意取得问题同时作出了规定，但《物权法草案四审稿》删去《物权法草案三审稿》第112条的规定，此后的审议稿未有变化。

上，可以考虑将赃物纳入遗失物的相关条文中作统一规定，可以加强对被害人权利的保护，也有利于防止犯罪者恶意转移财产。

三、合法（合理）使用控制措施

控制阶段对财物的强制性措施，如查封、扣押和冻结等，要遵守法律的规定，具体体现在以下几个方面。第一，针对不同种类的涉案财物，应依法采取不同的控制措施。查封、扣押措施适用于各种财物、文件等物证、书证，存款、汇款、债券、股票、基金份额等。第二，财产的控制手段仅限于查询、冻结，不能划拨款项或私自出售金融资产；扣押是指公安机关为防止案件当事人处分、转移财产而对涉案财产采取的扣留、保管的强制措施，不能占为己用。第三，各类带有强制性的措施需要遵守期限规定，如《刑事诉讼法》修改后新规定的几类股票、债券、基金份额等财产的冻结，通常以6个月为期限，特殊情况下可以延长。❶

对于法律没有明确规定的事项，也要遵循前述的基本原则进行处理，如查封不动产，应当张贴封条或者公告，并提取保存有关财产权证照；同时向有关登记管理机关发出协助查封通知书；如果地上建筑物和土地使用权的登记机关不是同一机关的，应当分别办理查封登记。扣押机动车，要将扣押清单及时送达车主，责令车主交出车辆钥匙、行驶证、车辆购置税完税证明、交强险凭证、车辆登记证，如为营运车辆，还要交出营运证；并及时通知车辆户籍所在地的公安机关车辆管理部门，以防车辆被恶意转户。❷在这个阶段也要考虑效益最大化的原则，比如，涉案财物中涉及正在出租的不动产，如果预计诉讼活动时间较长，就没必要马上查封房产，只需对房屋产权在有关机关进行登记查封，并把租金暂时作为犯罪孳息予以冻结即可。

---

❶ 参见公安部2012年发布的《公安机关程序规定》：（1）公安机关对此类财产予以冻结后，有义务告知当事人及其法定代理人、委托代理人有权申请出售，所得价款应继续冻结在其对应的银行账户中；没有对应的银行账户的，由公安机关在银行指定专门账户保管。（2）对冻结期限有了相关规定：冻结存款、汇款等财产的期限为6个月。冻结债券、股票、基金份额等证券的期限为2年。有特殊原因需要延长期限的，公安机关应当在冻结期限届满前办理继续冻结手续。每次续冻存款、汇款等财产的期限最长不得超过6个月；每次续冻债券、股票、基金份额等证券的期限最长不得超过2年。继续冻结的，应当重新办理冻结手续。逾期不办理继续冻结手续的，视为自动解除冻结。

❷ 戴蓬. 几种特殊涉案款物的查封、扣押和冻结［J］.四川警察学院学报，2009（5）.

第四节　金融犯罪侦查中的涉案财物保管

对于涉案财物的保管，也应当依照"遵守法制""保证证明力""效益最大化"的原则进行。关于涉案财物保管，之前公安机关还存在一些私自挪用的违法违规现象，随着近年来的集中治理活动，尤其是2010年《财物管理若干规定》实施之后，保管阶段规范化程度有了较大的提高。《财物管理若干规定》确立了"办案与管理相分离""因办案需要调取财物需履行调用手续"等涉案财物保管的相关制度，也在全国范围内进行了"涉案财物专项治理工作"，各地公安机关一是有了相对详细的办案依据，二是从意识上开始重视财物保管问题，涉案财物的保管情况有了比较大的改善。

例如，北京市公安局针对涉案财物管理方面存在的突出问题，制定了"三有两无"的工作目标，即涉案财物"有人管""有地放""无积存"，涉案财物管理"有依据""无违规"。目前财物的有序管理，基本做到了合法原则，财物丢失的现象也大大减少，但相对保管程序的规范化来看，现阶段涉案财物的保管措施却并不理想，财物保管中的资产损耗较大，要注意在财物保管阶段贯彻"效益最大化"的原则。

一、涉案财物保管的影响因素

财物保管阶段应贯彻"效益最大化"的原则，具体是指，侦查机关保管财物时，应根据财物的损耗特征、可能的保管期限和保管成本等因素确定保管办法。

第一，资产的损耗特征。《公安机关程序规定》第230条："对容易腐烂变质及其他不易保管的财物，可以根据具体情况，经县级以上公安机关负责人批准，在拍照或者录像后委托有关部门变卖、拍卖"；针对金融资产价格浮动的特殊性和所有权人的专业性，第237条还规定："对冻结的债券、股票、基金份额等财产，应当告知当事人或者其法定代理人、委托代理人有权申请出售。"这两条规定，正是考虑了资产的损耗特征按照资产效益最大化原则进行的资产处理。金融犯罪案件的侦查期间较长，面对动产、不动产、金融证券等种类繁多的涉案财物，侦查人员在保管、拍卖等处理环节都应明确资产最大化的原则。

第二，保管成本。对于"财"来说，现金可以存进银行，金融资产继续以原形式存在，几乎没有保管的成本问题，但是对于"物"，就涉及保管成本的问题。如果是体积小又不需特别保存环境的物品，如珠宝、黄金等，保管成本较小；但像车辆、珍贵特产等，保管成本高而且需要专业知识。如某涉案财物是"新鲜虫草"的案例，为了保存虫草，侦查机关特意购置了大型冰柜，增加了保管的成本。

第三，可能的保管期限。保管期限通常取决于案件的诉讼进程，如果诉讼活动即将要结束，涉案财物会很快返还被害人或者由法院拍卖，应选择比较便利的保管方法；如果保管期限较长，则应考虑适合长久的保管方法。

二、涉案财物保管的方法

目前我国保管涉案财物的方法主要是自行保管和拍卖保管，少数案件中有委托保管。应依据涉案物品的特点，考虑损耗、便利、成本等因素决定适用哪种保存方法。

第一，自行保管。就是由公安机关自主进行保管实体物品，这是最常见的保管方法。《财物管理若干规定》中并没有对具体的财物保管措施进行规定，各地公安机关做法各异，通常只要满足"有地放""无违规"等要求即可，其实，自行保管的财物也要遵循"资产最大化"的原则。具体说来，就是对于有市场价值的某些物品的保护，不能仅以"丢不了"的防盗为准则，做到"无违规"的合法要求之后，还应该进行合理的保管，如选择防火、防潮的适合场地，定期检查等，避免出现被查封和扣押的物品因为未得到妥善保管而导致的价值贬损。以机动车为例，其保管应注意以下几点：（1）如案件复杂，处理时间较长，所扣车辆应停放于车库内保管，防止发生锈蚀损坏；（2）如冬季扣押车辆，应放空发动机水箱中的冷却水，防止机体在严寒中冻裂造成损失；（3）扣押车辆保管中还应注意防火防盗，需张贴封条，指定专人妥善保管，安排专业技术人员对所扣车辆进行必要的检修维护保养。❶

第二，拍卖保管。如果涉案财物是易变质物品，考虑到物品的损耗特点、保管成本等问题，可以进行拍卖保管，如《公安机关程序规定》第230条规定："经县级以上公安机关负责人批准，在拍照或者录像后委托有关部门拍卖、变卖，拍卖、变卖的价款暂予保存，待诉讼中终结后一并处理。"；2014年的《非

---

❶ 戴蓬. 几种特殊涉案款物的查封、扣押和冻结［J］.四川警察学院学报，2009（5）.

法集资案件审理意见》第5条也规定："查封、扣押、冻结的易贬值及保管、养护成本较高的涉案财物，可以在诉讼终结前依照有关规定变卖、拍卖。所得价款由查封、扣押、冻结机关予以保管，待诉讼终结后一并处置。"将物品拍卖，然后将拍卖款项放在专门账户，由"物"变成"钱"，不改变权属，本质是一种保管措施。

进行拍卖处理的，需要确立几个原则：一是必要性，虽然拍卖不改变财物的权属，但仍是一种财产的处理方式，需要特别慎重，需要有法律的明确规定，如《公安机关程序规定》第230条规定的"容易腐烂变质及其他不易保管的财物"，或者确实不适用其他方法保管的。二是权属合法，侦查阶段，如果还没有查明是否是被害人财产等权属性质，涉案财物的所有权仍归嫌疑人所有，拍卖财产原则上要经过被害人同意。三是主体合法，从《公安机关程序规定》第230条的规定可以看出，拍卖、变卖的主体应是公安机关委托的专门部门而非办案机关本身，也就是说，拍卖应尽量选择专业拍卖机构，并由其定价和拍卖，目前看来，《公安机关程序规定》第230条的规定也不尽合理，有的地方没有正规的拍卖机构，或者涉案金额不大又急需拍卖的物品，应该允许由公安机关自行拍卖。四是程序公开，目前看来，很多侦查阶段的所谓拍卖都是小范围的非公开拍卖，容易导致各种问题。五是价格合理，处理被害人财产，合理的价格是最重要的权利保障，专业拍卖机关通常都是合理定价后拍卖，侦查机关自主拍卖的，应该进行价格鉴定，各地方都有价格鉴定的相关机构，也有相关的财物鉴定规范，应依据鉴定意见确定拍卖价格。

需要说明一下，《财物管理若干规定》中金融资产的出售方式并不是拍卖，但是因为金融资产在某个时点的价格确定性和竞价公开性，已经天然具备了价格确定和竞价透明的条件，所以与拍卖保管的方式有相似之处。

第三，委托保管。当某些财物具有专业性或者自行保管成本较大又不适宜拍卖的，可以选择委托保管，如上述虫草保存案中，委托有专门设备的部门保存可以降低保存成本；涉及大量房产的案件，可以委托物业部门进行日常维护。针对金融犯罪而言，除了物的保管，还有特殊的金融资产的保管。期货、期权等金融资产的交易具有极强的专业性和实效性，如果涉案的金融资产都由公安机关通过冻结的方式予以"保管"，可能会因为错过出售、平仓时机造成资产的重大损失或其他障碍；这也是《公安机关程序规定》第237条中规定"申请权利"的原因，但除此之外，也有必要委托专业机构进行实质的保管，或协助公安机关进行保管。

三、保管费用的负担

财物保管会产生相应的费用，如委托保管费用、拍卖费用等，即使是公安机关自行保管的财物，如上述的汽车维护和修理等，也会产生相应的费用。这方面的具体规定较少，侦查中的处理方式各异，因为涉及办案经费的问题，所以实践甚至是由被害人"垫付"。笔者认为，保管费用应先由办案经费支付，返还被害人时再由其进行支付，或者在拍卖后直接由拍卖费用支付；当然，保管费用应以"因保管财物产生的其他外部劳务和服务费"为限，不包括侦查人员自己的劳务费。

第五节　金融犯罪侦查中的涉案财物处理

对于涉案财物这类特殊的证据，一般应当随案移送，待法院作出生效判决以后再做实体上的处理，但考虑到涉案财物控制环节有可能范围不准确，诉讼期间又较长，为了保护相关人员的合法民事权利，可以在查明性质和权属后，进行退还和返还，特殊情况下，也可以进行财产的没收，这可算是为了"保障民事权利"和"资产最大化"而对这类证据进行的一种特殊处理方式，但必须以"保障证据的证明力"为前提。

一、退还所有权人

侦查初期在控制涉案财物时，往往范围过大，查封、扣押、冻结了与案件无关的财产，依据《刑事诉讼法》第143条规定："对查封、扣押的财物、文件、邮件、电报或者冻结的存款、汇款、债券、股票、基金份额等财产，经查明确实与案件无关的，应当在3日以内解除查封、扣押、冻结，予以退还。"《财物管理若干规定》第15条也规定："对经查明确实与案件无关或者不需要继续扣押、扣留、调取的财物，以及属于被害人的合法财产及其孳息，公安机关应当依照有关法律法规规定的时限及时返还。"

这些法律法规体现了退还的两个要求：一是"查明无关"，即认定与案件没有关系，从财物的范畴来讲，就是认定其不属于"违法所得及其他涉案财产"；从证据的角度来说，就是与案件无关，不需要作为认定案件事实的依据。二是及时，即"查明无关后的3日内"。虽然"查明无关"是一种实体上的认定，但认定过程的最终表现还是一个程序上的具体日期，侦查机关对这个日期的确定实际上有较大的自主权，所以"3日内"在很多情况下并不具有严格的操作意义，但是，这个具体期限的限定还是体现了退还方式的严肃性和紧迫性。

之所以发生退还的情形，有时是因为采取相关措施时确实难以分辨合法财产与违法所得、嫌疑人财产与家属财产的区别，也有时是因为侦查人员在进行扣押、冻结时根本没有试图分清财产的属性。这种一刀切的执法，即使是完成了退还，在过程中也损害了嫌疑人或家属的合法财产支配权；更有甚者，很多侦查人员认为既然一开始就错了，如果退还反倒容易遭到诟病，不如将错就错一直扣押至案件审结；甚至在这个过程中想办法截留的情况，也不鲜见。

二、返还被害人

金融犯罪案件由于涉案金额大，案情复杂，所以从立案到审理终结通常需经过较长时间，涉案财物在这段时间内难免发生价值贬损从而加大被害人的损失，某些保管成本较大或者不易保管且已查明不需要继续控制的物品，如果一直由侦查机关保管，可能会造成资源的浪费；某些被撤销或不起诉的案件，未进入审判程序，应返还的被害人合法财产也无法通过审判程序得到返还。所以，出于保护被害人利益和诉讼经济主义的目的，《刑事诉讼法》第234条明确规定："公安机关……对被害人的合法财产，应当及时返还。"我国的涉案财物返还是侦查活动中比较特殊的一个环节，带有很强的行政色彩。

1. 返还的条件

《<刑诉法>解释》第360条规定："对被害人的合法财产，权属明确的，应当依法及时返还……"但是，作为一种特殊的处理方式，必须对返还的条件予以限定。《公安机关办理经济犯罪案件的若干规定》第26条第二款规定："具有以下情形之一的，不得提前返还：案件基本事实尚未查证属实的；涉案财物的权属关系不明确或存在争议的；需要将案件移送异地管辖的。"可见，涉案财物审前返还被害人应满足下列条件：一是被害人及其与相关涉案财物之间的权属关系已查明，即涉案财物产权明晰；二是涉案财物是被害人的合法财产；三是已查明该涉案财物不需要再继续扣押、扣留、调取。

这三个条件中，实践的难点在于涉案财物的权属难以达到明晰确认；金融犯罪的主体，通常连续实施犯罪行为，如连续的车辆保险诈骗案件，很难分清哪笔款项对应哪次诈骗活动；或者违法所得已经转化为各种房产、企业资金等方式，甚至与合法财产混杂在一起，如骗取贷款、集资诈骗后与合法财产一起进行投资经营，常难以分清明确的产权；涉案人数众多的情况下，因为权属难以确定，一般也不宜提前返还。

2. 返还的程序

《〈刑诉法〉解释》第360条规定："……应当依法及时返还，但须经拍照、鉴定、估价，并在案卷中注明返还的理由，将原物照片、清单和被害人的领取手续附卷备查；权属不明的，应当在人民法院判决、裁定生效后，按比例返还被害人，但已获退赔的部分应予扣除。"《公安机关程序规定》第229条规定："……应当在登记、拍照或者录像、估价后及时返还，并在案卷中注明返还的理由，将原物照片、清单和被害人的领取手续存卷备查。"

这两条规定都强调了返还之前应"登记、拍照、鉴定、估价"等，这既是为了避免返还的相关纠纷，也强调了搜集证据的方式。与退还对象中"与案件无关"的财物性质不同，返还的财物与案件有关，也有可能会被作为证据使用，但为了不妨碍所有权人的利益，可以以比较简易的方式，如照片、价格鉴定意见等方式进行举证。

3. 返还程序监督机制的完善

可以看出，目前的返还程序虽然在形式上有了一些规定，但"登记、拍照"等形式上的限定起不到太大的监督作用，返还机制整体看来仍是有很强的行政色彩，并没有体现侦查活动对"涉案财物"处理应有的司法机制。表现在：第一，该返还程序赋予了侦查机关过大的自由裁量权，自主决定是否符合返还被害人的条件，缺少监督；第二，涉案财物在侦查阶段的返还裁定以书面审查作出，在程序上缺乏公开性和透明性，难以接受监督；第三，被害人和犯罪嫌疑人作为与财物处理结果有直接关系的人，却不能参与审前返还程序，致使实践中出现将犯罪嫌疑人的合法财产当作被害人的财产返还给被害人的情况。

作为一种对物的处分，哪怕是以"权责恢复"为目的的处分，都应该纳入到一种准司法的体系之内：第一，明确侦查机关的职权，将涉案财物返还被害人是一种对涉案财物的归属作出实体性处理行为，除非符合严格的法定返还条件，否则侦查机关应尽量由法院作出最终处分，不应作出扩大化的解释；第二，对拟返还的涉案财物进行公示，由相关利害关系人限期申报权利，使被害人及其他利害关系人充分参与到该程序中，增加审前返还程序的公开性；[1]第三，加强检察机关在金融犯罪侦查中返还财物的监督工作。

涉案财物的控制和处理，是对物的强制，按照英、美、法、德等国家比较常规化的做法，财物的处置也属于强制措施的范畴，需要纳入"诉讼化"的框架之中，由预审法官决定是否适用及如何适用强制措施。这种架构，对于我国目前的司法实践显然还有相当的距离，但可以借鉴预审法院的中立地位引入相关的第三方监督的概念，检察机关作为我国的法律监督机关负责犯罪嫌疑人的批捕，不妨也把人的强制措施的审批权扩展到"财物"的领域，即公安机关作出审前拍卖、返还等处分性的财物处理措施时，需要经过检察机关的批准。

三、适用特别没收程序

2012年《刑事诉讼法》在特别程序中设置了违法所得的特别没收程序："对于贪污贿赂犯罪、恐怖活动犯罪等重大犯罪案件，犯罪嫌疑人、被告人逃匿，在通缉1年后不能到案，或者犯罪嫌疑人、被告人死亡，依照刑法规定应当追缴其违法所得及其他涉案财产的，人民检察院可以向人民法院提出没收违法所得的申请。公安机关认为有前款规定情形的，应当写出没收违法所得意见书，移送人民检察院。"可见，其适用条件包括案件类型和嫌疑人情况两方面，笔者认为，从这两方面来讲，金融犯罪都应当适用特别没收程序。第一，适用于贪污贿赂犯罪、恐怖活动犯罪等"重大犯罪案件"，有一些性质恶劣、社会影响重大、危害巨大的金融犯罪案件，如集资诈骗，应当属于"重大犯罪案件"的范围。第二，该特别程序的适用前提包括两种：一是犯罪嫌疑人、被告人逃匿，在通缉1年后不能到案的，二是犯罪嫌疑人、被告人死亡的。尤其前者，金融犯罪中隐蔽性强，案发时嫌疑人经常已经逃匿。

侦查机关侦查金融犯罪时，如果认为符合适用特别程序的条件时，一是应明确公检法三机关在这个特别程序中的职责：侦查机关不能启动这个程序，但是认为符合条件可以写出没收违法所得意见书，移交检察院，由检察机关向法院申请；二是应明确该程序中应当追缴的违法所得的范围，必须是与犯罪事实有关的违法所得，而且这些违法所得属于法律明确规定应当予以没收的非法财产或者其他违法所得。

---

[1] 李长坤. 刑事涉案财物处理制度研究［D］. 上海：华东政法大学，2010.

四、随案移送

经过退还和返还后，其他涉案财物，应当以"随案移送"为一般原则，即通常情况下，"将实物随案移送，实物不宜移送的，移送清单、照片或其他证明文件"；对于之前已经返还的财物，也应当将其照片和价格鉴定意见等一并移送。移送涉案财物的意义，除了使证据发挥证明作用，也是一种财物处理方式的后续监督。

第六节　金融犯罪侦查中赃款赃物的追缴

本书这部分使用"赃款赃物"的概念，虽然在侦查阶段使用这个"定性"的词汇并不准确，但因为控制涉案财物的重要目标之一是追缴赃款赃物，所以实践中比较习惯用"追赃"的说法来表明这方面的工作机制和具体措施，本部分讨论侦查活动中如何尽量对违法所得进行控制的问题，所以用"追缴赃款赃物"的表达更为恰当。

一、金融犯罪追赃工作的问题

涉案款项数额大一直是金融犯罪的显著特点，但在这个涉案数额背后，却是较低的追缴数额，如上海嘉定法院的调研报告中指出："2012年，本院共受理涉金融犯罪案件21件，首要特点就是'案值大追回难'。金融犯罪案件涉案金额近243万元，虽然犯罪分子最终被绳之以法，但由于其大肆挥霍、转移赃款等违法行为，真正能追回的赃款有限，损失较大。"❶据估计，我国经济犯罪的追赃比例在很多地区应该不会超过30%，甚至是20%、10%左右，金融犯罪中的追赃比例应该与之相仿。追赃比例低，很大程度是因为追赃工作本身难度较大；但不可否认，追赃比例如此之低，也有侦查工作自身的原因。

1.追赃意识不强

侦查终结的法定条件中，没有关于赃款赃物追缴情况的要求。侦查机关一般

---

❶ 嘉定法院刑庭分析金融犯罪案件特点并提出建议。参见上海法院网：http://shfy.chinacourt.org/article/detail/2013/04/id/948367.shtml。

认为"只要查明了案情,取到了证据,就已经破案了",审判机关同样也认为"对被告人施以刑罚,就达到了制裁犯罪的目的",但从社会综合效益的角度看,"成功办案"和"破案"两者是有区别的,在金融犯罪侦查活动中的体现之一就是要衡量赃物是否被追缴及被追缴程度如何。但是,在没有法律硬性规定的情况下,追赃往往类似于"加班",是一个附加的工作劳动;当这种附加劳动得不到实际利益的情况下,一般情况也就不乐意去为之付出劳动,体现在整个诉讼活动中,就是疏于追赃、怠于追赃,很多案件的刑事诉讼程序都是看似完美,但被害人的损失却未被挽回和弥补。

2. 追赃工作难进行

金融犯罪智能化、专业化、隐蔽性强的特点,在追赃工作中也有体现。第一,金融犯罪潜伏期长,追赃时往往时过境迁,违法所得早就已经被转移、挥霍,扣缴时已空无一物;第二,金融犯罪中很多财产以网络金融资产的形式存在,转移快捷复杂,伴随洗钱行为,导致行踪难觅;第三,金融犯罪通常与很多正常经济业务交织在一起,难以分辨合法财产与非法财产的界限,如内幕交易账户、非法集资的企业账户等;第四,涉众案件较多,在一些涉众型经济犯罪案件中,由于被害人人数众多,而且在一些传销类犯罪案件中犯罪嫌疑人往往与被害人之间关系较为复杂甚至模糊不清,因此这类案件的追赃效率更低,被害人的经济损失的补偿程度也较低。据北京市第二中级人民法院披露,10年来先后审理的118件涉众型经济犯罪案件,犯罪总额达49亿元,受害者逾94 600人,虽然案件破获后,犯罪者被追究刑事责任,但是法院采取各种手段追回的赃款仅有8亿7 000多万元,追赃率不足18%, 37%的案件追偿率低于5%,51%的案件追偿率低于10%,仅有5%的案件追偿率超过50%,因此绝大多数受害人是血本无归的。[1]

3. 实践操作混乱

追赃不应仅仅理解为对违法所得的追查、收缴,它贯穿于整个刑事诉讼过程,包括侦查初期对涉案财物的控制,涉案财物的审前返还,以及案件审结后对未被控制的违法所得的继续追缴。而我国目前的《刑事诉讼法》对此规定较为简

---

[1] 北京涉众型经济犯罪呈高发态势 追赃率不足10%。参见网址:http://china.cnr.cn/gdgg/201212/t20121206_511495992.shtml。

略，虽然一些司法解释、部门规章对相关程序进行了细化，但未能形成统一的法律体系，实践中较为混乱，违法办案的现象时有发生。

二、金融犯罪追赃机制的完善

不重视追赃工作，一方面导致被害人的损失未能补偿，另一方面也纵容犯罪分子出狱后仍有违法收益可供使用，类似情形已经成为实践中的常态，不仅刑事诉讼中"保障人权"的作用未得到发挥，甚至"惩罚犯罪"的功能也大打折扣。加强追赃的积极性，最传统和有效的办法是把追赃数额与"办案经费"等利益挂钩，但这显然不适合现代的法治环境，而且容易产生各种弊端。可是，追赃确实是一个因人而异、因案而异的侦查工作，不可能作为一个硬性规定，也不可能以此作为破案的标准。哪怕作内部考核，也是具体的指标不合理，合理的指标不具体，很难用单一的追赃比例等数据作为评价指标，需要通过多方位的办法，加大侦查人员的追赃积极性。

1.强化追赃意识

侦办金融犯罪，应意识到金融犯罪中赃款赃物作为刑事诉讼证据和民事权益补偿的重要性。一是可以通过日常宣传、专项治理和专门活动等方法，使侦查人员在办案过程中树立"破案必追赃，追赃促破案"的追赃意识，不要认为"案子破了就行，追赃不追赃都无所谓"；二是通过具体工作强化追赃意识，甚至使之成为经侦人员办理此类案件时的一种固有思维模式，如《公安机关执法细则》第42条规定："将处理涉案财物情况依照有关规定录入执法办案信息系统或者数据库。"某公安局制定的《追赃工作机制》规定："公安机关受理的涉及赃物案件，赃物信息应当按照规定客观、全面地录入省打防控应用系统。经济犯罪案件中的涉案财物，根据经侦部门的相关规定办理。"这种关于日常工作的规范，不仅仅是具体案件的追赃措施，也有利于培养侦查人员的追赃意识。

具体说来，金融犯罪中被侵害的财产一般是现金或存款的财，极少有"物"的形式，接报案时主要询问的"财"的形态：如果是现金，通常难以确定其来龙去脉；如果是存款，则可以马上锁定相关账户，并继续"以户查户"，如果其中不涉及洗钱等复杂的资金流转，通常可以较快掌握赃款数额、来源、去向等具体信息。如果案发时间较长，嫌疑人已经把财转化为物，则需要办理相关赃物的登记制度。

2. 建立合理的追赃考核体系

在各级侦查机关建立追赃工作专项考核制度，是强化侦查人员追赃意识、开展追赃工作的强力驱动。但是，鉴于犯罪情况的复杂性，有的案件不需要费太大力气就可以追回赃款，有的案件却穷尽可能也难以达到理想的追赃效果，所以，如何把追赃工作纳入考核比例，有一定的争议和困难。目前我国已有一些地区的公安机关建立了针对性的专项考评机制，经过长期探索，追赃考核机制也逐渐趋于相对合理。

以浙江省台州市公安局黄岩区分局为例，他们在追赃考评机制中重点考评"三率一满意"的指标，对追赃考核机制的建立有一定的参考价值。"三率一满意"中的"三率"包括：已追缴赃物的案件数与已破案件总数之比的案比率，主要考评追赃数量；追赃财物的价值与已破案件损失总案值之比的追赃率，重在考评追赃质量；返赃价值与已破案件损失案值之比的返还率，旨在考评实效。"一满意"是由案件的被害人填写追赃情况反馈表，反映群众对追赃工作的满意度情况，考评群众对工作的认可度。❶可以看出，这一机制综合考虑了追赃数量、追赃质量、追赃实效，较为全面地涵盖了对追赃工作进行评价应考虑的几方面因素，而且将各项指标进行量化，便于分析比较；同时还考虑到了群众满意度，从保障金融犯罪被害人利益的角度进行追赃工作。尽管如此，这也不可能作为对个案进行评价的全面考核指标，只能作为一个综合考评的参照指标，比如一个探组某一时间段的综合比率与其他侦办同类案件的探组的同期比较，或者是用于分析每个探组在不同时间段的追赃比例，通过这种横向和纵向的比较，形成激励机制。

3. 重视追赃的基础工作

追赃成功与否，既要根据实际案件制定追赃策略，又要注意追赃基础工作的建设。对于普通的刑事犯罪，追赃的重要内容就是搜集赃款赃物的情报信息工作，这对于金融犯罪也是一样的，但鉴于金融犯罪的违法所得一般表现为现金、存款的"财"的状态，且普遍以存款、证券等金融资产等形式存在的特点，其追赃基础工作又有其独特之处，需要建设适合其自身规律的追赃基础工作。

第一，注重阵地控制工作。阵地控制，是指侦查部门在侦办案件时，为了打

---

❶ 江连青. 追赃追逃工作机制研究：以台州市公安局黄岩区分局为例 [J].浙江警察学院学报，2010（4）.

击和防范刑事犯罪活动而掌握和控制刑事犯罪分子经常活动的地区、场所和行业的侦查措施。❶追赃的传统阵地控制重点区域通常是机动车修理业、金银首饰加工点等。但具体到金融犯罪，类似的追赃阵地并不典型，应该注意各类地下钱庄、拍卖公司、域外赌场、貌似正常经营的洗钱企业等。当然，这些阵地涉及较高的专业性和隐蔽性，也加大了追赃的难度。

第二，加大对金融犯罪追赃工作相关侦查技术的研究力度。金融犯罪是随着市场经济的深入发展而产生的一种新型犯罪，用以往的控赃、查赃技术应对这种犯罪会存在一些缺陷。需要对金融犯罪的具体方法进行深入研究，如通过网络赌博洗钱，通过地下钱庄转账，才能比较准确地锁定有关账户，并在各账户中挖掘更多的犯罪信息。各种金融资产，其复杂性对追赃工作提出了挑战，同时其交易记录的永存性、序列性和对应性等特点，也给追赃工作提供了新的工作思路。

4.加强国际追赃协作

金融犯罪的潜伏期长，嫌疑人外逃的比例较大，而且通常都是"携巨款外逃"。2010年，有浙江"贷款诈骗第一案"之称的何志军骗贷13亿元外逃；2011年底，江苏一银行行长携全家带2亿元资金非法外逃。近年来，"先集资、后外逃"成了集资诈骗嫌疑人最常见的做法。嫌疑人在集资过程中陆续把集资款项转移至境外，当资金链要断裂时，再进行本人的潜逃；还有一种常见的情形，金融犯罪嫌疑人没有潜逃，但是其违法所得已经被转移至境外。这些情况都涉及国际追赃协作的问题。对于转移赃款至境外的犯罪人来讲，通常蓄谋已久，甚至是在犯罪之前就想好了赃款转移的方法，这种情况下，追赃已然超出了追赃本身的意义，甚至是预防犯罪的重要内容。

金融犯罪的嫌疑人对金融业务更加了解，会通过地下钱庄转账、利用代理人或移民海外的亲属将赃款转往境外，也会通过境内企业直接将款项汇至境外账户，或假借对外投资、合资、贸易及其他如国外旅游费用等非贸易渠道的名义，将资产转移到境外❷，犯罪方法复杂专业，与其他交易混杂在一起，又涉及跨境追赃，确定赃款的所在地、数额、具体财物归属等信息有很多障碍，追赃工作的难度较高。

侦查中本就不是非常重视追赃工作，国际追赃又困难重重，所以追赃比例非

---

❶ 任惠华. 侦查学原理［M］. 北京：法律出版社，2012.

❷ 余怿. 公安机关境外追赃工作分析［J］. 贵州警官职业学院学报，2005（2）.

常低，据推测，我国每年被转移至境外的赃款数目非常惊人，其中有相当部分来源于以犯罪数额大著称的金融犯罪。考虑到这种背景，侦查机关应积极同国际刑警组织及其他国外警方协作，展开追赃。而且，鉴于金融犯罪的国际化，很多国家对金融犯罪赃款追缴的配合程度较高，为国际追赃提供了很好的便利前提。可以采取的具体形式有：第一，涉及嫌疑人引渡的，可以要求引渡中随案移交赃款赃物；第二，有双边或多边条约的，按照有关条约规定的程序提交刑事司法协助请求书，提出追赃请求；第三，直接向境外警方提出追赃请求，但之前应查明赃款的具体情况，并对赃款的性质提供相关证据。

第六章　网络金融犯罪的侦查

"网络世界""大数据时代"是描述当今世界的重要名词，作为资金高效流动的金融行业，已然是全方位以数据网络、信息技术为行业架构的领域。可以说，没有网络技术为基础，就没有现代金融业的迅速发展，也不存在目前具有相当规模的金融产业；与此同时，各种金融犯罪也在网络环境下滋长并产生新的特点。网络金融犯罪的案发更加隐蔽，侦查难度也更大，需要针对其犯罪特点研究其侦查方法。

第一节　网络金融犯罪概述

信息技术日益融入金融体系，金融行为的内涵和外延由此也发生了深刻变化。一方面，传统的金融行为开始借助于网络，如网络银行、电子商务等；另一方面，也出现了一些几乎完全以网络为依托的金融行为，如各类证券期货交易，P2P网络借贷交易平台[1]等。相应的，利用网络进行的金融犯罪也花样翻新、数量逐年增长[2]，形成了一类独特的"网络金融犯罪"。

一、网络金融犯罪的界定

网络金融犯罪，按照字面意思理解应该是指"金融犯罪"的"网络化"，范围应限于刑事实体法中破坏金融管理秩序罪、金融诈骗罪和其他相关罪名。但是，金融犯罪的网络化也使金融犯罪本身的内涵和外延发生了变化，以假冒银行

---

[1] P2P网络借贷：P2P借贷是peer to peer lending的缩写，peer是个人的意思，正式的中文翻译为"人人贷"，是指个人通过网络平台相互借贷。即，由具有资质的网站（第三方公司）作为中介平台，借款人在平台发放借款标的，投资者进行竞标向借款人放贷的行为。这种借贷方式成为新型的网络金融交易工具。

[2] 据统计，金融领域计算机犯罪数量占计算机犯罪总数的61%，每年造成直接经济损失近亿元。武向朋. 网络金融犯罪的成因及其防治 [J].江西金融职工大学学报，2010（1）.

网站的钓鱼诈骗为例，犯罪人先架设一个与真实金融机构或知名网上购物商城网站在域名和网页设计上都极为相似的虚假网站，诱骗受害人进行点击；然后通过在网页上植入挂马或者其他形式，非法窃取受害人的网络银行或购物网站的账户和密码，再利用这些信息在真实的金融机构网络交易系统中非法转移、窃取受害人的资金财产。这种行为本质上是以受害人的财物为目标的盗窃行为，但因为这种犯罪手法涉及银行等金融机构的交易秩序和网络交易安全问题，通常也被纳入"网络金融犯罪"的范畴，金融犯罪的网络化改变了金融犯罪的传统范畴。所以，本书在这一部分界定的网络金融犯罪，比上文"金融犯罪"的范围略大，包括了利用金融机构和金融工具进行的某些诈骗、盗窃和其他犯罪。

二、网络金融犯罪的分类

网络技术对于金融犯罪的影响不言而喻，世界各国都面临着网络金融犯罪的应对问题。从现在常见的网络金融犯罪类型来看，一种是利用网络进行的传统金融犯罪，犯罪方法与网络的结合并不必然；还有一类是网络与金融犯罪结合程度较高的犯罪，如前述的"利用假网站偷密码"的犯罪中，网络为类似的犯罪提供了全新的犯罪方法，在这里，网络工具已经不是犯罪的简单环节，而是不可或缺的一部分，甚至是本质性的改变了这些金融犯罪的犯罪方法。从方法上，可以大略分为利用网络传播平台的金融犯罪、利用网络交易工具的金融犯罪和利用网络支付工具的金融犯罪，其中利用支付工具的分类也刚好对应了目前网络金融犯罪的高发领域。

1. 利用网络传播平台的金融犯罪

这类金融犯罪比较典型的是非法集资类犯罪。体现为集资诈骗和非法吸存等罪名的非法集资行为是金融犯罪领域的一大顽疾，近年来，利用网络进行集资成为新的趋势。除了传统的线下推广，犯罪人开始利用网络的高效传播优势散布集资广告，由于网络信息的审核不严、发布门槛较低的特点，犯罪者会在一些专门的创业、加盟平台和大型公开论坛发布各种集资信息，以"高级连锁度假村会员""农业种植投资""约定回购房产"等名义非法集资；为了使其看起来具有较高的信度度，有时还会设立专门的网站，并利用互联网的搜索设置或网站推广让这些网站排名靠前；为了烘托其集资效果，还会在各论坛和微博平台上虚拟一些客户的"好评信息"进行虚假宣传，营造出具有投资价值的产品前景，等等。也确实有很多投资者都是因为看了这些虚假网页或者误信了这些"托儿"的言论上当受骗，可以发现，借助互联网的快捷性，网络集资不再单纯依靠"人传人、人托人"的传统方式，宣传速度和效果又快又好，而且还利用虚假宣传信息替代了传统集资方式中因为"熟人"才能产生的信赖，于是网络成为集资者重要的犯罪平台。类似非法集资的变种方式花样繁多，包括"委托理财""房产售后包租""服装连锁加盟""连锁旅游"等各种形式。

这类网络金融犯罪的本质还是传统的金融犯罪，即使不利用网络，类似的犯罪也可以完成，网络只是作为其中一个比较便利和快捷的环节。从侦查取证的角度上说，相关电子证据的信息形式比较单一，其性质甄别和内容确定一般没有很高的技术难度，相关的网络广告、虚假宣传等信息不易销毁，可以依靠这些证据证明嫌疑人是否有"诈骗行为"及其程度如何。

2. 利用网络支付工具的金融犯罪

网络金融模式下，传统的银行存贷、证券交易等业务都有了网络结算的方式，也发展出网银、U盾、第三方支付平台、信用卡等各种网络支付工具，这些金融支付工具在为人们提供便利的同时也成为犯罪者利用的目标，很多金融犯罪因为这些网络支付工具的使用而呈现出全新的特点，如网络洗钱、信用卡网络套现、网银盗窃诈骗等。

（1）网络洗钱

近年来，洗钱方法的网络化非常突出。2006年公安部发布了八种常用的网络犯罪手段，网络洗钱位居其中。❶与传统的利用屏障公司、直接走私或者消费后变相持有等方法不同，借助信息技术的网络洗钱包括利用网络银行或虚拟货币洗钱等多种复杂的形式和手段。

网银洗钱是近年来常见的一种网络洗钱方式，银行存款的划拨是洗钱的重要表现方法之一，网络支付方式的隐蔽、便利和快捷为这种方式提供了很多便利。首先，从隐蔽性看，网银用户一般只需在网银开通时到银行柜台办理身份确认和其他手续，开通后，用户无需前往实体柜台即可在网络上进行各种资金转入和转出业务。银行这时能够掌握的只有该网银账户的资金流入和流出情况，而每笔业务的具体事由或涉及的人员，银行则不能像在传统的柜台办理中那样对相关情况进行了解和核实。其次，从便利性和快捷性看，网银业务操作方便快捷，其即时

---

❶ 吴明辉. 网络银行反洗钱工作存在的问题及对策［J］.现代经济信息，2011（3）.

快速、多账户的流转非常容易实现，这也正是洗钱犯罪所需的条件。

网银支付本就具有很强的隐蔽性，如果再叠加第三方支付平台，更加成为洗钱者的乐土。例如，犯罪者可以先通过网上商城等进行商品买卖的虚拟交易，这种零售业的资金流动情况正好与洗钱活动"分散转入、集中转出，或者集中转入、分散转出"的特点吻合●；并且在支付方式上经过第三方支付平台，这样一来，账户的流入和流出对象都是第三方支付平台，完全不具有买家和卖家对应性，难以清楚分辨资金流动的来龙去脉；即便是从这些支付平台的数据来看，因为支付平台注册登记的匿名性，其资金流转对应的只是一个个虚拟的 IP 地址，同样难以发现嫌疑线索。即便有所怀疑，是否存在实质交易、如何进行实物库存取证等工作也难以完成。目前来看，因为这类频繁划拨行为的增多，导致银行等金融机构很难分辨正常零售资金和洗钱资金的异常。

第三方支付平台的使用，还为网络赌博提供了便利，从目前查处的网络赌博案件来看，大多都以第三方支付平台作为赌资的流转方式，而网络赌博本身也是一种洗钱的重要渠道。

另外，虽然我国目前在金融机构和实体商业机构都实行了个人财产实名制的登记和购买制度，但在网络上却有所欠缺，有一段时间某些电商网站推出了各种面额的购物卡，与一般购物卡的实名登记购买不同，这些网站的购物卡可以采用匿名购买的形式，不但可能滋生洗钱犯罪，还可能会为职务犯罪提供便利。目前此种情况有所好转。

随着网络第三方支付平台的运营规模不断发展壮大，其业务必然会越来越多地涉及跨国交易。一旦通过第三方支付平台的跨国交易开始流行，在洗钱犯罪方面，境外黑钱可以通过第三方支付平台洗白并进出我国资本市场；在热钱投机方面，境外热钱亦可以利用第三方支付平台进出我国资本市场并得到高额利润，这也必然会严重影响我国金融市场的发展。

（2）信用卡网络诈骗

利用网络进行信用卡诈骗也相对容易。盗刷他人信用卡的行为，如果是在线下商场中，通常需要核对签名信息，但在网上盗刷信用卡时，只需要填写卡号、到期日等信息，相对容易。利用信用卡虚拟消费进行套现，如果发生在传统环境中，犯罪者需要找到对应的刷卡商家共同完成，但在网络条件下，犯罪者

● 文祖校. 网络银行领域开展反洗钱的对策探讨 ［J］. 南方金融，2010（11）.

完全可以通过第三方支付平台的转账或者网络商家的退款完成，方便而且犯罪成本降低。

（3）其他利用网络支付工具的金融犯罪

利用网络支付工具进行盗窃、诈骗等犯罪手法可谓花样百出。2008年6月，张某在中国工商银行江苏扬中支行存款900万元，年底却发现存款不翼而飞，后得知是银行工作人员何某利用U盾通过网上银行转走的；犯罪者建立虚假团购网站，诱骗消费者用网银通过第三方支付平台付款，而后杳无音讯，等等。

以上这些网络支付工具，其基本依托仍然是我国现有的金融体系，虽然资金经过多重搅动增加其模糊性，但网银、信用卡等工具的使用最终仍要依附于银行的实名结算功能，对侦查活动来说，虽然难度较大，但并非无线索可循。但值得注意的是，日益出现的各种匿名网络虚拟货币完全脱离了这个范围。目前，利用网络货币这种虚拟财产洗钱也是网络洗钱的一种表现形式。例如，有公安机关在侦查网络犯罪案件时发现，犯罪嫌疑人通过天堂币、网络游戏装备等网络虚拟货币或财产平台实施洗钱❶，其方法是先将犯罪所得赃款用来购买虚拟财产，再将虚拟财产转卖给其他用人民币购买的买主。可以说，每个游戏网站都可以成为一个巨大的洗钱机构。2013年年初，浙江警方抓获一贩毒分子，发现其交易方式竟然是与买主约定将现金换成游戏币划入游戏账号，随后他再将游戏币兑现。❷

目前来看，上述网络虚拟货币大都是在游戏网站等特殊的网络环境下才有价值，除了被用作支付工具进行洗钱等犯罪，其本身不具有一般等价物的货币功能，没有太大范围的流通，也不涉及货币体系的相关犯罪。但是，比特币❸（Bit-coin）的出现使这种虚拟货币发展到一个新的层次。近年来，比特币的影响力越来越大，价格也不断攀升，从1美元平均能够买到1000多个比特币到如今1比特币的价值相当于100多美元，使用范围也逐步扩大，可以到主流网站购物、买车票和付饭费，甚至还有公司用比特币来支付工资。❹这种具有广泛结算功能的网

---

❶ 金永红，慈向阳. 涉网金融犯罪的特点、成因与防范研究［J］.上海金融，2007（1）.

❷ 李曹. 令人瞠目 游戏网站成贩毒洗钱工具.中国普法网， 2013-3-22.

❸ 比特币是一种网络虚拟货币，它没有特定的货币机构，通过特定算法产生（2008年，有人用笔名"中本聪"发表了一篇论文，论文中描述了比特币的使用方法，1年后，比特币的首笔交易完成），现在大多人都是通过在专门的网站上游戏、做题获得比特币，比特币与实物货币的兑换比例时时变化，具有买卖匿名、低成本交易、世界范围流通等特点。

❹ 北欧一家企业甚至用比特币支付员工工资；2013年雅安地震救援期间，"壹基金"组织截至4月25号为止，共接受233个比特币捐款，折合人民币将近22万元。

络货币，不涉及汇率兑换，而且匿名，长久发展可能会对现有货币体系造成某些障碍，更是为洗钱、赌博、行贿等犯罪提供了土壤。

可以看出，上述利用支付工具的金融犯罪，正是我国目前网络金融犯罪的高发区域，也是侦查取证中的难点。网络为其提供了完全不同的犯罪空间，犯罪者针对网络环境发明了各种犯罪方法，与传统方法大相径庭，而且有逐渐取代传统犯罪方式的趋势。除了涉及技术取证、金融交易信息的解读，相对前两种网络金融犯罪，这类金融犯罪整体看来侦查的难度更大，主要表现在两个方面：一是这种案件的金融交易复杂，犯罪方法并非一目了然，侦查主体需要先学习各类新型的犯罪方法，再在了解犯罪方法的基础上确定侦查途径；二是金融交易信息的获取来自多个渠道，除了"利用支付工具"分类中可以从金融机构得到的交易数据，很多犯罪涉及透明化程度较差的信息，如匿名的游戏网站、第三方支付平台等，甚至是掌握在犯罪人手中的虚假网络的相关数据。侦查这类比较复杂的案件，对侦查人员的金融专业能力和网络取证能力都有较高的要求。

3. 利用网络交易工具的金融犯罪

随着金融创新的发展和网络的普及化，出现了一些只有在网络上才能够实现的新型交易方式。此类金融犯罪的全部或者某一必要犯罪环节与网络密不可分，一旦离开网络信息技术，犯罪将变得难以甚至无法实施。之所以出现了这类金融犯罪，一是因为目前很多金融交易行为本身就只能依靠网络进行，如各类证券和期货交易网络；二是网络为金融行为开辟了新的交易形式，如P2P网络借贷。

第一个类别中，如目前的证券期货等交易类型，已全部实现网络化，因而相关的金融犯罪也只能在网络上进行，其中既包括传统的内幕交易、操纵股价等犯罪行为要在网络上进行，也包括利用这些网络金融交易工具进行的其他更复杂的新型犯罪。如近期发生的诱骗投资者进行黄金期货虚假交易的案件中，❶犯罪者先开发号称是与某国际黄金交易所价格同步的"网上黄金期货交易系统"，使用这个平台的投资者可以避开国家的金融监管自行买卖黄金期货进行投资，网站只收取交易手续费，这本身是有关非法黄金期货交易的金融犯罪；而且，犯罪者在设计的交易软件上做了手脚，其价格并不与国际市场价格完全同步，致使大多投资者都出现了巨额"亏损"，而犯罪者将投资人的资金秘密转移至自己手上，犯

---

❶ 杭州"世纪黄金"黄金期货诈骗案终结。参见网址：http://www.cngold.org/c/2012-08-14/c1262260. html。

罪进一步升级。

第二个类别中，P2P 网络借贷是一个典型的例子。这种借贷是随着互联网的发展和民间借贷的兴起而出现的一种新型融资模式，近年来在国内迅速增长，2014 年成为网络 P2P 平台的发展年，已经有数千家的规模。这种网络平台其主要的特点是所有的借贷过程都在网络上实现，如合同签订、资金划拨等手续，全部通过网络平台实现。然而，面对尚未明确定性的民间借贷，P2P 网络借贷领域的问题更是层出不穷：相关法律法规缺失，政府监管空白，商家资质良莠不齐，容易出现各类经济犯罪等，包括：第一，资金来源无法核实，为洗钱犯罪提供便利；第二，借款人征信核实体系不健全，诈骗犯罪时有发生；第三，网络借贷涉及人员多，容易引发涉众型犯罪；第四，高额的投资回报率诱发高利转贷等其他犯罪行为。❶但就诈骗案件来说，平台骗投资者资金的案件和借款人骗取平台的案件就屡见不鲜，如 2014 年年初，就有数十家 P2P 平台一夜之间关闭，网站相关人员携款跑路；也有些平台被借款商户用伪造的单证等骗取了资金，如 2014 年 4 月份爆出的宜信坏账风波❷，让大家对这样一家规模大、操作相对规范的 P2P 龙头平台的审核机制也疑虑重重。

证券交易网络、P2P 平台这些交易工具的网络化，决定了类似的犯罪只能在网络中发生，侦查中面临的问题主要是大量交易记录的提取。相对优势的一面是，既然主要的犯罪过程都需要在网络上进行，那么各种交易记录就是证明犯罪的重要证据，而且，这些交易记录从金融机构获取，信息透明化程度高，程序相对容易，而且难以篡改，基本可以保证信息的真实；但是，这些交易记录淹没于大量的数据之中，在不知具体账户名称时难以确定目标，而且各种数据证据相对抽象，需要相关业务知识才能专业解读。

需要说明的是，笔者认为这三种分类的界限有时并不分明，实践中有一些融合几种类型的犯罪，如集资诈骗中，集资者直接把"网络基金""网络外汇"等电子金融产品作为集资工具，再辅以网络宣传等手段进行犯罪。如先租用境外服务器架设网站设立一个虚假的"网络基金"，称只要向该网站投资若干资金，便可获得高额返利；类似网络基金的运营初期，通常会给投资者较高的约定投资回

---

❶ 马方，孙天宇. P2P 网络借贷：诱发经济犯罪的类型与防控［N］.检察日报，2012-5-14.

❷ 2014 年 4 月 8 日，宜信公司被曝投资东北地区的房地产项目出现 8 亿元贷款坏账，宜信即使申请资产保全，也很难追回全部欠款。经过 1 天的内部调查，宜信公司在 4 月 9 日的回应里承认在东北地区投资了房地产项目，但总规模不及 8 亿元。

报，进而吸引更多的客户资金，逐渐形成一个类似于传销体系的太阳形或金字塔形集资网络，用庞氏骗局的方法非法集资，这种方法既利用了虚假的交易工具，又利用了网络宣传；P2P交易平台提供了新型的交易工具，但其结算方式仍是银行的各网络终端，相关的犯罪也借助了网络支付工具的使用。

第二节　网络金融犯罪侦查的难点

金融犯罪本就相对复杂，再加之网络犯罪的隐蔽性和匿名性等特点，使得网络金融犯罪的发现和取证都比较困难，主要表现为以下几个方面。

一、侦查管辖的确定难

管辖权的确定一直是网络犯罪的重要争议点。网络的无边界性使以地域为基础的管辖权确定原则很难发挥作用，如在境外架设服务器以"网络基金"为名非法集资的案件，嫌疑人与被害人相隔千里，甚至是在不同的国家，而服务器所在地可能只是一个虚指，这都造成犯罪地的界定十分抽象，使传统上依据"犯罪地"确定管辖权的原则失去了依托基础。❶网络金融犯罪也是一样，往往在最初确定是否有管辖权的阶段就有很大的争议。

二、犯罪方法的掌握难

要进行侦查活动，首先要了解犯罪的方法，网络金融犯罪的侦查工作对金融专业知识和网络取证方法两方面都提出了较高的要求。单就金融知识而言，对于一些比较简单的网络信用卡诈骗、网络木马盗窃等案件，侦查人员一般都有比较全面的了解，但对于一些利用第三方支付系统洗钱、利用网络虚拟货币的交易方式进行犯罪活动等比较复杂的金融行为，还需要针对案情有专业性的理解。

三、网络犯罪证据的取证难

从金融犯罪中电子证据存在的空间来看，主要包括两类，一是犯罪嫌疑人掌握的证据，如虚假网站的制作信息，交易软件存储的记录；二是网站和金融机构

❶ 刘品新. 网络法学［M］.北京：中国人民大学出版社，2009：143.

掌握的证据，如论坛删除的信息，金融机构的交易数据等。

相对来说，金融机构的交易数据、第三方支付平台的交易记录和公开网站的言论信息，在取证协作方面难度不大，取证的难度主要在于犯罪嫌疑人掌握的电子证据：第一，这些证据的主要存在形式是二进制数据，一般依附于磁存储介质（如计算机硬盘）、电存储介质（如计算机内存、U盘）、光存储介质（光盘）乃至一瞬即逝的电磁辐射中，这些介质的体积小，存储量大，单从外形上难以看出与犯罪有关，必须经过专业电子取证手段才能转化为相关证据；而且这些存储介质一般体积小巧、结构精密，想要毁坏证据十分容易。第二，利用网络发出的犯罪指令是存在于网络中的数据流，瞬间即可完成，也没有实物形态，留下的证据信息较少，而且像浏览记录等相关痕迹容易销毁，侦查人员难以通过对嫌疑人的电子现场勘查来获取相关痕迹，通常要依靠网络信息的固定和相关金融机构的交易记录进行取证。第三，即便是在物理上控制了计算机硬件等介质，面对专业化的网络犯罪人员，信息加密等技术的使用也增加了取证难度。

四、金融犯罪证据的分析难

网络金融犯罪中的电子证据，主要包括电子书证和电子物证两大类。[1]电子书证的主要表现形式是各种网页宣传信息、金融业务交易记录等；电子物证主要表现为各种网络地址和金融交易网络痕迹等。其中，交易记录等书证是证明其犯罪性质的重要证据，但这些非法集资宣传信息与正常经营招商信息混淆在一起，大量的违法转账记录也与正常的转账交易信息混杂在一起，如何在这些浩瀚的信息中准确分析出犯罪信息，是一个有专业难度的工作。

第三节　网络金融犯罪侦查难题的应对

毋庸置疑，相对传统金融犯罪而言，网络金融犯罪侦查的专业程度和取证难度加大。应对这种困难时，既要培养侦查人员的金融业务素质，也要加强信息化建设及相关制度建设，具体说来，就是要一方面完善网络和计算机取证的技术手段，确立专业分工和专业合作的工作机制，另一方面注意树立"以信息制信息"

---

[1] 本书此处对电子证据中书证和物证的分类，没有依据《刑事诉讼法》中的证据分类方法，而是从学理上以书面内容或物理形态的表现形式为标准进行的笼统分类。

"以网制网"的新型工作思路。

一、加强金融业务素质的培养

金融犯罪侦查中普遍存在的情况是侦查人员对金融业务了解不多，在取证途径等金融专业性问题的解决上，或是过于依赖金融机构的意见，或是经常需要请教相关专家，这显然不利于快速有效地打击日新月异的金融犯罪。应该对侦查人员加强金融等经济知识的培训，至少可以在某些"不动产分租"等简单的案件中对于是否是金融犯罪的性质有比较明确的判断，并能及时确定侦查思路。

二、完善网络取证的技术措施

网络金融犯罪中电子证据的取证工作，涉及电子证据载体的搜集、电子证据的提取、保全和鉴定等多项专业技术工作，应尽量由专门的技侦人员完成。对于专业技侦人员在金融犯罪中的技术取证能力问题，一是要提高他们自身的网络取证技术，比如在载体搜集方面，除了注意U盘、移动硬盘、电脑等常见的电子证据载体的搜集，还要注意搜集U盾、密码令牌、银行卡等能够反映账户信息的实物证据；犯罪人因为使用多个银行卡和多个银行密码，通常会对使用情况进行记录，也需要找到这些记录，它们本身虽然不是信息的载体，但可以作为找到各类信息的重要渠道。二是要注意结合金融犯罪的特点进行技术取证，在信息提取方面，技侦人员除了要从载体中提取相关信息的内容，还可以帮助经侦人员进行信息筛选，如对于有大量数据的第三方支付平台交易记录，可以在了解数据内容的基础上用技术手段对数据进行排列对比，找出某些交易的对应关系，为经侦人员提供有效信息。

三、完善网络证据的侦查取证规则

网络金融犯罪证据大多以电子证据的形式存在，但目前我国电子证据的取证技术规则尚不完善，如原始证据界定、被修改或删除证据的恢复方法鉴定，等等，这些取证技术规则的缺失导致了一些电子证据证明力的降低甚至丧失。关于这一点，司法机关应出台实用的电子证据取证技术规则，如规定电子书证的原始证据的认定标准应为"能够准确地反映该电子证据的内容"，其范围不只包括在实施犯罪时直接保存在存储介质上的二进制代码，还包括任何直接源于该电子数

据的打印输出或其他可感知的输出物；再如，关于电子证据的保全，除了从物理犯罪现场扣押存储介质的方式，还可使用镜像复制方法或其他正确复制原件的技术来提取网络金融犯罪中直接形成之证据的复本。❶

四、确立金融犯罪和网络犯罪的侦查取证分工

金融犯罪的专业数据分析和网络犯罪的专业技术取证，是两个非常专业的取证领域，不能要求侦查人员兼具这两种技术，应由这两个专业的侦查人员按照各自的专业强项确定取证内容并相互协作，共同完成取证工作。如，在侦查初期，金融犯罪侦查人员负责相关取证途径和取证范围的确定，技术人员负责具体的取证工作；侦查过程中，如果得到大量的犯罪数据信息，金融犯罪侦查人员可以提出内幕交易等某些交易行为的关键要素和重要手段，如操作时间段和对应价格，网络技术人员则依据要求编制程序寻找这些可疑交易。可以看出，进行金融犯罪的侦查活动，需要两部分人员的分工协作；而要达到比较好的一个协作效果，两部分人员也不能单纯只负责自己的专业范围，需要经侦人员懂一点技术，技侦人员懂一点金融，两者才能沟通顺畅、准确理解对方意图，做到在各自领域的有的放矢。

五、转换侦查思路

网络金融犯罪伴随大量的网络信息和电子数据，除了对技术取证和金融专业取证提出了更高的要求，也为侦查取证提供了新的方法。具体来说，就要针对上述不同类型网络金融犯罪的特点，转换思路，探寻新的案件来源和取证方法。

1.利用舆情监督搜集线索和证据

舆情监督是目前网络金融犯罪案件线索的重要来源之一，表现在以下几个方面。第一，既然很多金融犯罪利用网络进行宣传，那么侦查工作就可以从舆情监督入手发现案件线索。要达到比较好的效果，需要侦查人员了解常见的网络散布渠道，并且对相关犯罪信息比较熟悉，从而敏感捕捉到这些犯罪宣传手段。第二，有的受害人和识破骗局者在各类论坛、人肉搜索网站上揭露或控诉骗术的舆论信息，其内容包括一些具体的犯罪过程、犯罪方法及犯罪嫌疑人的资料，对这

---

❶ 杨军. 论计算机犯罪侦查的取证规则——以相关证据规则完善为视角 [J] .安徽大学学报（哲学社会科学版），2008（6）.

些舆情进行监控，也可以发现犯罪信息，如利用"全球合作的高尔夫会员卡"进行集资的事件，就是由公安机关从网站舆论信息中获取了证据线索，进而查证了会员资格取得方式、会员规模等犯罪信息。对于网络化普及的今天，大多涉众型犯罪都可以经此渠道发现犯罪线索，并能挖掘出更多犯罪证据。

2. 利用网络信息公开补充受害人

涉众型犯罪中，可能会有一部分受害人到公安机关报案，然后公安机关开始侦查立案，但这个过程中其他受害人也许并不知情，甚至在犯罪嫌疑人被抓获后仍向其账户上汇入资金。对于这类犯罪，公安机关应在适当时机、有选择地向公众公布部分案情，使得未被发现的受害人能够及时了解情况，并向侦查人员提供有用的犯罪线索或证据。可见，通过补充受害人，可以进一步搜集犯罪证据，也可以将这些受害人纳入到经济利益的赔偿范围中。

3. 利用数据分析搜集案源和证据

金融交易存在大量的数据，在网络上进行金融犯罪，就形成了易于排列、组合、对照和分析的各类电子数据，利用这些信息数据分析为切入点，可以发现某些犯罪信息，尤其在没有明显被害人的金融犯罪领域，利用证据的差异性进行选案分析，是发现犯罪的重要渠道。

在某些金融犯罪领域，数据分析已经成为发现案件线索最主要的方法。例如，我国的股票市场采用全电子化竞价交易，电子化、标准化和系统化的程度较高，沪深交易所在此基础上开发出较为领先的交易异动监测系统，目前证监会稽查部门处理的各类案件线索中，70%以上来自于沪深交易所的这种日常差异数据监测。❶洗钱犯罪也是一样，现在每个银行都有可疑交易和大额交易的检索系统，银行通过内部系统每天把这些交易记录报告给央行，央行再进一步用电子数据分析发现其中的洗钱犯罪，我国绝大多数洗钱犯罪的线索都是源于这个系统。

美国的金融犯罪执法网络也通过这种方法发现洗钱犯罪，如前文所述，该网络首先通过专用的标准化表格汇集大量的金融交易数据，主要包括大额交易记录和可疑交易记录等，然后交由计算机中心经过初步处理制成电子数据库，再由金融犯罪执法网络的分析师以数据整合为基本手段，运用系统分析工具进行进一步分析，简单说来，就是选取各种可能的情报要素（如交易主体、账户、交易发生

---

❶ 蒋飞. 解密债市交易"老鼠仓"手法［N］.第一财经日报，2013-4-18.

地等），然后将这些要素作为查询条件，在金融交易数据库、执法信息数据库和商业信息库三大数据库里进行查询，提取出相关的记录形成报告。通常来说，这些报告还融合了核查后所掌握的其他相关信息，如对可疑交易的归类定性、相关执法机构对该客户或交易的调查处理情况、对可疑信息的详细解说或描述等；以可疑交易报告表为例，其中一般会列出可疑活动的时间区间、特征、可能造成的损失等十几项指标，引导报告者详细地展示出交易与违法犯罪行为的联系，以帮助有关部门对可能涉及的犯罪行为作出判断。

这种方法，除了是发现犯罪的重要来源，信息交易数据本身也是证明其犯罪的证据。不言而喻，运用数据分析查找犯罪线索并搜集证据，其前提是要以大量的金融交易数据为基础，对侦查部门的信息化建设提出了要求。目前来看，这些数据库基本集中在金融机构和金融监管机构，通过数据分析发现可疑交易的工作主要由这些部门完成，侦查人员要做的是培养相应的专业能力，以便在接案后分析和固定证据。以后，随着信息化建设和行刑衔接信息共享平台的完善，侦查人员就需要通过主动分析数据发现犯罪。

结　语

　　确定了"经济犯罪领域的侦查"这个选题的大致方向后，着手具体题目时，笔者在"经济犯罪"与"金融犯罪"及"侦查"与"取证"的排列组合中犹豫很久。"经济犯罪"抑或"金融犯罪"，以研究具体问题作为本书的主要内容，题目范围不宜过大，"金融犯罪案件"，无论是从司法治理现状而言，还是从其侦查活动的特点而言，都非常有代表性，似乎更为适宜；但是，金融犯罪的刑法范畴又不能涵盖经济犯罪中非常典型的"非法经营"和"合同诈骗"犯罪，限制了诸多问题的讨论，似乎用"经济犯罪"的范畴更容易说明问题。最后，笔者从侦查实践的角度出发，以犯罪方法的归类为出发点，扩大了刑法中对"金融犯罪"的界定，包括了非法经营罪、组织领导传销罪和合同诈骗罪中的某些行为，这种扩大，不仅是为了切合本书的主题，更主要的是符合金融犯罪在案发范围、犯罪方法、法益损害、监管主体和侦查主体方面的实践，从侦查的角度讨论金融犯罪，本就应该包括刑法中的这些兜底罪名。而且，随着写作的深入，笔者逐渐体会到金融犯罪案件在侦查活动的各个方面表现出的典型特性，并且近年来这个领域的刑法规定和司法解释更新速度很快，也为研究金融犯罪提供了很好的依据。

　　"侦查"与"取证"之选，源于笔者一开始界定的出发点：虽然以侦查中的主要问题建立文章结构，但视角主要集中于取证，讨论主观证据、证据衔接、财物线索、网络取证等内容。权衡之下，还是适合在题目上以"侦查活动"为立足点，但为了让文章内容不过于宽泛，加之"案件来源"和"取证"在金融犯罪侦查中的重要地位，又贯穿了这两条主线，尤其是取证部分。

　　命题为"金融犯罪侦查热点问题研究"，就需要以侦查实践中的难点和要点作为研究对象，根据实务部门的反应，金融犯罪侦查的难点主要集中于犯罪方法复杂、诈骗类犯罪刑民交叉定性难和行政认定地使用三个问题，由此确定了本书的刑民交叉、行刑衔接问题；跳出侦查实务的角度，可以发现侦查机关并不十分重视的一些问题和弊病，具体到金融犯罪，典型表现为刑事政策适用和财物控制问题；在当今网络世界的环境中讨论金融犯罪，网络金融犯罪的情况不可忽视，这也是实务部门反映的犯罪方法复杂性的一个体现。

金融犯罪侦查活动中的难点，本质上是由金融犯罪的特点和现状决定的，笔者就此角度分析了两者之间的关系：如复杂性、交易性的特点与刑民交叉问题对应；专业性、行政违法性的特点与行刑衔接问题对应；经济利益性的特点与财物控制问题对应；专业性和动态性的特点与网络犯罪问题对应，等等。专业性、行业性、无被害人和内部人员参与的特点，导致了金融犯罪线索难以被发现的问题，这是侦查取证工作的重要特点，并成为贯穿全文的内容之一。金融犯罪大多发生在正常的金融业务环境中，由此也决定了金融犯罪证据的相关特点，结合金融犯罪的这个特点，提出了有针对性的案件来源渠道和取证思路，这也是本书在很多地方都有所体现的内容。具体介绍的几个问题，也可以在这一点上找出它们之间的内在联系。

关于刑事政策，很多刑法学者并不认为侦查阶段是需要特别讨论的阶段，但笔者认为，金融犯罪中的人和物都有其自身特点，法规的笼统适用会做到"合法"，但未必"合理"，所以需要运用刑事政策的指导精神进行侦查活动。对人，金融犯罪嫌疑人通常没有人身危害性和犯罪条件，很多案件中也没有销毁证据的可能，所以采取较轻微的强制措施就可以达到保障诉讼活动顺利进行之目的。对物，提出了"先严后宽，宽严相济"的刑事政策：控制环节要相对松，分清财物的性质和产权归属，不得控制合法财产；处理环节相对要严，除了法律规定应当返还和退还的情况外，都要等待法院判决后再进行处置；针对诉讼期间长的问题，要完善保管制度和拍卖制度。

刑民交叉作为金融犯罪侦查中的一个难点，体现为主观故意的证明。本书对刑民交叉的界定范围较大，包括了"罪与非罪"和部分"此罪与彼罪"，论述中略显烦琐，因为主体内容一致，而且是侦查实践中较为习惯的用法，就勉为其难用了这个词。侦查活动中遇到的这个难题，主要是基于实体法来判断问题，所以本书在论述了刑民交叉对侦查活动的影响之外，也用了较多的篇幅讨论实体法的规定，指出这种列举式推定虽然为侦查活动提供了很好的路径，但因为这种路径本身有很大的变动性和灵活性，类似的取证依赖反倒会导致盲人摸象式的片面判断。

金融犯罪行刑衔接的重要性，源于这是很多无被害人金融犯罪的主要案件来源，因而衔接制度的完善非常重要。笔者本想在这部分立足于我国已有的联席会议和派驻制度、已然非常有效的走私犯罪侦查权的特殊设置和曾出现过苗头的"税警"制度，提出证券类犯罪侦查机关专业化的探索，但最终觉得不适合我国的现状，目前还是应该加强其他形式的衔接，以应对刑事力量无从入手的证券犯罪。目前看来，无论是侦查机关利用协作机制发现的犯罪，还是金融监管机关发现的犯罪，都要以大量的金融交易数据汇总和数据分析系统为基础，因此，有效打击金融犯罪，信息共享平台的建设非常重要。

　　吴英案中涉及财产查封主体、财物处理阶段、财产拍卖程序、保存条件等财产处理争议，让笔者觉得有必要讨论一下金融犯罪中的财物控制问题，侦查实践中控制涉案财物的问题很多，有的是因为法律规定不完善，有的是因为执法不严格，也有的是因为侦查活动的特点不得已而为之。针对目前比较混乱的情况，文章提出了"财物处理的及时、合法、民事全力保障和效益最大化"的基本原则，并论述了这些原则在财物处理不同阶段的体现。因为《刑事诉讼法》及其配套措施的修改，文中针对修改的部分内容进行了讨论。整体说来，涉案财物的控制、保管和处理是我国侦查活动中操作比较复杂的一个环节，因为《刑事诉讼法》中严格规定了需要"与案件有关"，对被害人的权利，只能通过刑事附带民事诉讼的诉讼保全制度进行保障，但实际上，财产保全的及时性显然无法与侦查机关的相关措施同步。于是，大多司法机关都认可控制涉案财物时的适当扩大；这种法律规定的严格性与实践情况不相匹配，又缺乏相应的监督机制，导致了很多案件中侦查机关的控制范围都远超过了规定的范围，合理但却不合法。

　　借助网络，金融犯罪出现了很多全新的犯罪方法，可以说，网络金融犯罪是非常典型的因网络出现而彻底改变部分犯罪方法的犯罪方式。笔者对网络金融犯罪进行了分类，最初是列出了各种常见的网络金融犯罪方法，然后依据其与网络的结合程度进行归类，但最终根据其结合程度与犯罪者利用网络的某一部分功能有直接联系，形成了文中利用网络传播工具、利用网络支付工具和利用网络交易工具三个类别。这三个犯罪类别各有其取证难点，应利用网络金融犯罪数据化特点为侦查活动寻找新的思路。

　　综观全文，本书以研究实际问题为出发点，论述角度偏于理论，以期能在实务和理论之间找到结合点；从内容上看，在实然的基础上讨论应然问题，既要切合实际，又要有理论作指导。谈及创新，本书的命题和主要内容都很平常，没有整体立意的创新，但因为研究类似题目的人确实不多，于是本书首先体现为选题本身的创新，其次是整体文章中理论与实践的结合。此外具体到内容上来主要是本书一方面着手于要研究的个别问题，另一方面着手于金融犯罪的特点，同时发现了两者间本质又微妙的联系。如金融犯罪的学理分类与侦查中相关问题的对应；金融机构的特殊角色在侦查活动中正面或反面的体现；金融资产形态对侦查工作的全程影响；犯罪黑数大与发现机制的建立；涉众案件多在刑事政策、性质界定、财物处理、网络犯罪等方面的体现；网络化对金融犯罪方法的本质性改变及其提供的侦查思路等。这种联系贯穿整篇文章，将金融犯罪的特点与侦查中的具体问题紧密联系，可算作本书在内容或者研究角度上的略有创新之处。

金融犯罪侦查的内容很多，本书仅就几个问题进行论述，还有一些重要的问题未提及，如金融业内部犯罪的特点和侦查途径、金融犯罪嫌疑人的特点及其讯问对策；讨论范围也不够全面，主要集中于骗取贷款、集资诈骗、内幕交易和洗钱等典型犯罪方法；还有一些重要问题讨论不多，如证明主观故意之间接证据的证明机制、赃款赃物的具体识别和追缴方法；也有的界定出于文章的整体考虑可能略有偏颇，如金融犯罪的学理分类与相关问题的对应、刑民交叉的范围界定等；还有一些问题可能认识上不够准确，如对《<刑诉法>解释》第369条的理解。本书主题涉及金融、刑法、民法和证据学理论，以及实务操作等多个领域，笔者受能力所限，定然存在不少疏漏、不妥之处，望能通过外界的指正得到弥补和改正。

参考文献

（一）国内著作部分

[1] 朱新蓉. 货币金融学 [M]. 北京：中国金融出版社，2010.

[2] 曲新久. 金融与金融犯罪 [M]. 北京：中信出版社，2003.

[3] 刘宪权. 金融犯罪刑法理论与实践 [M]. 北京：北京大学出版社，2008.

[4] 曲新久. 刑事政策的权力分析 [M]. 北京：中国政法大学出版社，2002.

[5] 曲伶俐. 刑事政策视野下的金融犯罪研究 [M]. 济南：山东大学出版社，2010.

[6] 吴丹. 金融犯罪侦查 [M]. 北京：中国人民公安大学出版社，2008.

[7] 陈祥民. 经济犯罪案件侦查 [M]. 沈阳：辽宁人民出版社，2007.

[8] 王怀旭. 侦查讯问学 [M]. 北京：中国人民公安大学出版社，2004.

[9] 何家弘. 证据的审查认定规则：示例与释义 [M]. 北京：人民法院出版社，2009.

[10] 何家弘，刘品新. 证据法学 [M]. 北京：法律出版社，2004.

[11] 何家弘. 短缺证据与模糊事实——证据学精要 [M]. 北京：法律出版社，2013.

[12] 何帆. 刑民交叉案件审理的基本思路 [M]. 北京：中国法制出版社，2007.

[13] 何秉松. 刑事政策学 [M]. 北京：群众出版社，2002.

[14] 马克昌. 中国刑事政策学 [M]. 武汉：武汉大学出版社，1992.

[15] 万国海. 经济犯罪的刑事政策研究 [M]. 哈尔滨：黑龙江人民出版社，2008.

[16] 胡康生. 中华人民共和国物权法释义 [M]. 北京：法律出版社，2007.

[17] 程小白，高春兴. 经济犯罪侦查通论 [M]. 北京：中国人民公安大学出版社，2003.

[18] 任惠华. 侦查学原理 [M]. 北京：法律出版社，2012.

[19] 樊崇义. 证据法学 [M]. 北京：法律出版社，2003.

[20] 宋英辉. 刑事诉讼原理 [M]. 北京：法律出版社，2003.

[21] 卞建林. 证据法学 [M]. 北京：中国政法大学出版社，2002.

[22] 季美君. 专家证据制度比较研究 [M]. 北京：北京大学出版社，2008.

[23] 冯军. 刑事责任论 [M]. 北京：法律出版社，1996.

[24] 刘远. 金融诈骗罪研究 [M]. 北京：中国检察出版社，2002.

[25] 刘远. 金融欺诈犯罪立法原理与完善 [M]. 北京：法律出版社，2010.

[26] 毛玲玲.证券市场刑事责任研究［M］.北京：法律出版社，2009.

[27] 刘明祥，冯军.金融犯罪的全球考察［M］.北京：中国人民大学出版社，2008.

[28] 程小白，曹云清，贾江滔.追赃理论与实务［M］.北京：中国人民公安大学出版社，2003.

[29] 北京市政法委.北京市经济案件专题研讨会资料汇编，2007.

[30] 单晓华.金融诈骗罪基本问题研究［M］.北京：中国法制出版社，2007.

[31] 刘箭.骗取贷款、票据承兑、金融票证罪研究［M］.北京：社会科学出版社，2011.

[32] 刘宪权.金融犯罪刑法学专论［M］.北京：北京大学出版社，2010.

[33] 欧阳本祺.目的犯研究［M］.北京：中国人民公安大学出版社，2009.

[34] 王志祥，姚兵.论目的犯目的的本质［J］.刑法论丛，2008（1）.

[35] 李永生.金融犯罪研究［M］.北京：中国检察出版社，2010.

[36] 秦新承.支付方式的演进对诈骗犯罪的影响研究［M］.上海：上海社会科学院出版社，
2012.

（二）国外译著部分

[1] 麦高伟.英国刑事司法程序［M］.姚永吉，等译.北京：法律出版社，2003.

[2] 德意志联邦共和国民事诉讼法［M］.谢怀栻，译.北京：中国法制出版社，2001.

[3] 德国刑事诉讼法典，李昌珂，译.北京：中国政法大学出版社，1995.

[4] 约书亚·德雷斯勒，艾伦·C·迈克尔斯.美国刑事诉讼法精解（第一卷·刑事侦查）
［M］.吴宏耀，译.北京：北京大学出版社，2009.

[5] 乔恩·R·华尔兹.刑事证据大全［M］.何家弘，等译.北京：中国人民大学出版社，2004.

[6] 田口守一.刑事诉讼法［M］.刘迪，张凌，穆津，译.北京：法律出版社，2000.

[7] 克劳思·罗科信.刑事诉讼法［M］.吴丽琪，译.北京：法律出版社，2003.

[8] 玛丽-克里斯蒂娜·迪皮伊-达侬.金融犯罪［M］.陈莉，译.北京：中国大百科全书出版
社，2007.

（三）期刊、论文

[1] 高艳东.金融诈骗罪立法定位与价值取向探析［J］.现代法学，2003（3）.

[2] 吕绍忠，李川.山东省金融犯罪问题调研［J］.中国刑事法杂志，2005（1）.

[3] 田享华，徐燕燕.涉众经济犯罪日渐“两高”：上当容易追赃难［N］.第一财经日报，2011-
11-28.

[4] 姜涛.行政犯与二元化犯罪模式［J］.中国刑事法杂志，2010（12）.

[5] 江伟，范跃如.刑民交叉案件处理机制研究［J］.法商研究，2005（4）.

[6] 黄太云.刑法修正案（六）的理解与适用（下）［J］.人民检察，2006（15）.

[7] 戴蓬.经济犯罪侦查难点和热点问题研究评述［J］.中国人民公安大学学报，2002（5）.

[8] 戴蓬.论经济犯罪案件中的"刑民交叉"问题［J］.吉林公安高等专科学校学报，2010
　　（2）.

[9] 佟志伟.论网络金融犯罪及侦查对策［J］.内蒙古民族大学学报（社会科学版），2007（2）.

[10] 江连青.追赃追逃工作机制研究：以台州市公安局黄岩区分局为例［J］.浙江警察学院学
　　　报，2010（4）.

[11] 刘仁文.论刑事政策的概念与范围［J］.中国人民公安大学学报，2005（1）.

[12] 张小虎.惩办与宽大相结合刑事政策的时代精神［J］.江海学刊，2007（1）.

[13] 陈兴良.宽严相济刑事政策研究［J］.法学杂志，2006（2）.

[14] 樊崇义，吴光升.宽严相济刑事司法政策与刑事侦查程序［J］.中国人民公安大学学报
　　　（社会科学版），2007（3）.

[15] 李书芳.刑事侦查中如何贯彻宽严相济刑事政策的若干思考［J］.社科纵横（新理论版），
　　　2011（2）.

[16] 王晓东.关于公安经侦工作贯彻宽严相济刑事司法政策的思考［J］.公安研究，2008（5）.

[17] 张小玲.论侦查阶段的程序分流［J］.中国人民公安大学学报（社会科学版），2007（3）.

[18] 田光伟.论涉众型金融犯罪［J］.国际商务财会，2011（12）.

[19] 印仕柏，李春阳.涉众型经济犯罪之刑事政策及其适用［J］.法学评论，2010（5）.

[20] 邵俊武.论行政鉴定及其司法审查［J］.证据学论坛，2010（0）.

[21] 张绍谦.试论行政犯中行政法规与刑事法规的关系——从著作权犯罪的"复制发行"说起
　　　［J］.政治与法律，2011（8）.

[22] 王崇青.行政认定不应作为行政犯认定的前置程序［J］.中国刑事法杂志，2011（6）.

[23] 陈兴良.目的犯的法理探究［J］.法学研究，2004（3）.

[24] 李薇薇.行政认定的证据类型及审查判断规则初探：以内幕交易案件为视角的分析［J］.
　　　证据学论坛.第七卷，2012（7）.

[25] 黄怡.试论在经济犯罪案件侦查中赃款赃物认定和追缴的法律问题［J］.江西公安专科学
　　　校学报，2001（2）.

[26] 刘为波.《关于审理洗钱等刑事案件具体应用法律若干问题的解释》的理解与适用［J］.
　　　人民司法，2009（23）.

[27] 陈兴良."应当知道"的刑法界说［J］.法学，2005（7）.

[28] 皮勇，黄琰.论刑法中的"应当知道"：兼论刑法边界的扩张［J］.法学评论，2012（1）.

[29] 李振奇，朱平.赃款赃物没收追缴程序初探［J］.人民司法，2003（5）.

[30] 余怿.公安机关境外追赃工作分析［J］.贵州警官职业学院学报，2005（2）.

[31] 赵亮.当代中国社会转型时期的刑事政策调整［D］.长春：吉林大学，2008.

[32] 李长坤.刑事涉案财物处理制度研究［D］.上海：华东政法大学，2010.

(四)相关网站、网址

[1] 中国证券监督管理委员会［EB/OL］.［2013-01-20］.http://www.csrc.gov.cn/pub/newsite/.

[2] 中国银行业监督管理委员会［EB/OL］.［2013-01-18］.http://www.cbrc.gov.cn/index.html.

[3] 中国保险监督管理委员会［EB/OL］.［2013-01-20］.http://www.circ.gov.cn/web/site0/.

[4] 中国人民银行［EB/OL］.［2013-01-20］.http://www.pbc.gov.cn/.

[5] 中华人民共和国公安部［EB/OL］.［2013-03-20］.http://www.mps.gov.cn/n16/index.html.

[6] 中华人民共和国审计署［EB/OL］.［2013-01-15］.http://www.audit.gov.cn/n1992130/index.html.

[7] 杭州"世纪黄金"黄金期货诈骗案终结［EB/OL］.［2013-01-25］.http://www.cngold.org/c/2012-08-14/c1262260.html.

[8] 盘点2011年银行业十大案件［EB/OL］.［2013-01-18］.http://bank.hexun.com/.

[9] 涉嫌金融诈骗近亿元 公安部将嫌犯沈磊引渡回国［EB/OL］.［2013-01-12］.http://news.cn-fol.com/091117/101,1277,6815348,00.shtml.

[10] 警方管理涉案财物走向规范［EB/OL］.［2013-01-12］.http://www.people.com.cn/h/2012/0119/c25408-3605618110.html.

[11] BaFin职能和作用［EB/OL］.［2013-02-05］.http://www.bafin.de/DE/Startseite/startseite_node.html.

[12] 历志钢，凌华薇.银监会获得对银行业金融机构的延伸调查权［J］.财经［EB/OL］.［2013-01-28］.http://business.sohu.com/20061114/n246377841.shtml.

[13] 公安部通报与审计部门协作打击经济犯罪有关情况.中央政府门户网站［EB/OL］.［2013-01-27］.http://www.gov.cn/xwfb/2006-05/23/content_288425.htm.

[14] 苗燕.公安部向银监会派驻联络员［J］.上海证券报［EB/OL］.［2013-01-21］.http://www.cnstock.com/paper_new/html/2007-12/05/content_59913836.htm.

[15] 涉嫌金融诈骗近亿元外逃，公安部将嫌犯沈磊引渡回国.法制网［EB/OL］.［2013-11-17］.http://www.legaldaily.com.cn/0801/2009-11/17/content_1182404.htm.

[16] 高山妻：回国自首是深思熟虑决定没受到威逼.中国新闻网［EB/OL］.［2012-08-15］.http://www.chinanews.com/fz/2012/08-15/4107775.shtml.

[17] 关于广东中恒信公司、薛书荣、郑宏中等机构和个人操纵证券市场案的通报.中国质检网［EB/OL］.［2013-12-15］.http://www.cqn.com.cn/news/cjpd/508129.html.